한국어교사들을 위한
쉬운 영어로
한국어 가르치기

초판 1쇄 발행 2024년 8월 21일

지은이 조위수, 이민경
펴낸곳 (주)에스제이더블유인터내셔널
펴낸이 양홍걸 이시원

홈페이지 www.siwonschool.com
주소 서울시 영등포구 영신로 166 시원스쿨
교재 구입 문의 02)2014-8151
고객센터 02)6409-0878

ISBN 979-11-6150-874-0 13710
Number 1-587271-26262600-08

쉬운 영어로 한국어 가르치기

KOREAN LESSON PLAN

조위수, 이민경 공저

S 시원스쿨닷컴

· 들어가기 ·

　　해외 대학에서 학생들을 가르치거나, 국내 한국어교육기관의 임용을 준비할 때 외국어는 큰 무기가 됩니다. 외국인들을 대상으로 하는 한국어 수업에서 영어, 중국어, 아랍어, 일본어 등 외국어를 사용하여 멋진 강의를 펼치기 위해서는 수업 진행 단계에서 사용하는 교수 언어와 설명에 필요한 메타언어를 익혀 가르치고자 하는 바를 간단명료하게 전달할 수 있어야 합니다.

　　일반적으로 한국어 교실에서 사용하는 교수 언어에는 일정한 패턴이 있습니다. 이 책은 이러한 패턴을 익히기 위한 교재로, 각 수업의 단계에서 빈번히 사용되는 한국어 교수 언어를 알기 쉽고 명료한 영어 표현으로 대역하여 정리해 놓았습니다. 이 패턴을 익혀 자신감 있게 영어로 한국어 수업을 할 수 있게 된다면, 한국어 교수자가 선택할 수 있는 한국어교육 현장의 폭 또한 넓어지리라 기대합니다.

　　이 책은 해외에서 한국어를 가르치고 싶은 분, 임용을 위해 영어로 한국어 공개 강의를 준비하는 분, 한국어 숙달도가 낮은 외국인 학습자에게 영어로 한국어를 교육하고 싶은 분들이 유용하게 활용할 수 있습니다. 또한 이 책에 수록된 한국어 문법 수업 교안의 형식과 내용은 한국어 수업에 익숙하지 않은 예비 한국어 교원이나 초보 한국어 교원들에게 좋은 참고자료가 될 것입니다.

　　이 책에서는 초급 한국어 문법 10가지를 선정하여 도입, 제시·설명, 연습, 활용, 마무리의 5단계로 나누고, 각 단계에 따라 수업을 어떻게 진행할 수 있는지 정리해 놓았습니다. 또한 영어 교육 경험이 풍부한 현직 한국어교원이 녹음한 음성 파일을 제공함으로써, 독자들이 한국어 수업 현장의 생생함을 느끼며 영어로 교사 발화를 연습할 수 있도록 구성하였습니다.

　　이 책은 저자가 해외 대학과 국내 대학 임용을 위해 외국어 공개 강의를 준비하면서 경험했던 것을 바탕으로 만든 것입니다. 이 책의 내용을 반복하며 따라하다 보면 어느 순간 영어로 한국어 수업을 하고 있는 자신을 발견하게 될 것입니다.

저자 조위수, 이민경

· Preface ·

When instructing students in overseas universities or gearing up for positions at Korean language education institutions in Korea, foreign languages play a crucial role. To effectively deliver high-quality lectures in languages such as English, Chinese, Arabic, Japanese, and others within Korean language classes designed for non-native speakers, educators must excel in both the teaching language used during lessons and the meta-language needed for clarifications and explanations throughout the class.

In Korean language classrooms, there's typically a distinct pattern to the teaching language. This book acts as a guide, aiding learners in getting acquainted with these patterns. It achieves this by offering clear and easy-to-understand translations of commonly used Korean teaching language into English expressions at different points during each class. Mastering these patterns is expected to empower instructors to confidently lead Korean language classes in English, broadening the range of Korean language education options available to them.

This book offers benefits to several groups: those aiming to teach Korean abroad, individuals getting ready to teach Korean in English for work, and those wanting to instruct Korean using English, especially for learners with limited proficiency in Korean. Moreover, the format and content of Korean grammar lesson plans provided in this book can be a valuable reference for aspiring Korean language teachers or newcomers to Korean language instruction.

The book categorizes ten beginner-level Korean grammar points into five stages: Introduction, Presentation & Explanation, Practice, Application, and Conclusion. It explains how classes can be structured based on each stage. Additionally, it includes audio files recorded by Korean language education and English experts, enabling readers to immerse themselves in the dynamics of a Korean language classroom and practice more effectively.

The content of this book is based on the author's experiences gained while preparing demonstration lectures for job applications at universities both in Korea and abroad. With consistent practice with the book's content, readers might find themselves unexpectedly capable of teaching Korean in English.

이 책의 활용법

이 책은 크게 두 부분으로 구성되어, **제1부 <교안 교수·학습 활동>** 과 **제2부 <한국어 교안 작성 사례>** 로 나뉩니다.

보통 한국어 수업은 도입 → 전개 → 마무리, 혹은 도입 → 제시·설명 → 연습 → 활용 → 마무리로 구성되는데요. 이 책의 **제2부 <한국어 교안 작성 사례>**에 수록된 교안들은 한국어 수업에서 가장 많이 활용되는 5단계 구성에 맞추어 작성되었습니다.

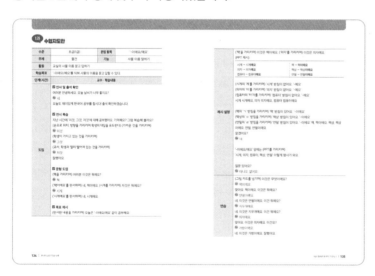

도입	제시·설명	연습	활용	마무리
학습 목표를 학습자들에게 자연스럽게 노출시키면서 학습자의 주의를 수업으로 유도하는 단계	학습 목표가 되는 문법 항목을 학습자들이 이해할 수 있도록 하는 단계	제시 단계에서 학습한 내용을 학습자가 내재화해서 능숙하게 사용할 수 있도록 하는 단계	연습 단계에서 익숙해진 문장 표현을 한 단계 발전시켜 실제 언어 상황에서 사용할 수 있도록 하는 단계	해당 차시 수업에서 학습한 내용을 학습자들이 이해를 했는지 최종적으로 확인하고 정리하는 단계

이 책에서는 초급 수업에서 활용할 수 있는 10개 주제를 선정하여, 각 주제에 맞게 문법 형태를 학습할 수 있도록 고안되었습니다. 아울러 받침 유무와 모음의 특성에 따라 달라지는 문법 규칙, 과거 표현, 미래 표현, 불규칙 등 초급 한국어 교실에서 목표로 하는 표현을 다룹니다. 이 교안들에 제시된 문형 설명은 다양한 한국어 교실에서 응용이 가능합니다. 따라서 이 책으로 학습을 시작하기 전에, **먼저 제2부 <한국어 교안 작성 사례>**를 펼쳐 수록된 교안들을 살핀다면, 이 책을 효율적으로 학습하는 데 큰 도움이 될 것입니다.

TOPIC 1	TOPIC 2	TOPIC 3	TOPIC 4	TOPIC 5	TOPIC 6	TOPIC 7	TOPIC 8	TOPIC 9	TOPIC 10
물건	주말 활동	주말 계획	취미	직업	교통	시간(1)	시간(2)	사과	날씨
-이에요/예요	-았/었/였	-(으)ㄹ 거예요	-는 것을 좋아하다	-고 싶다 / -고 싶어하다	-(으)로 갈아타다	-시 -분에	동안	-아/어/여서	ㅂ불규칙

제2부를 통해 한국어 수업의 전체적인 흐름을 이해했다면, 이제 제1부 <교안 교수·학습 활동>을 확인하면 됩니다. 제1부에서는 10개 주제의 수업을 <도입편>, <제시·설명편>, <연습편>, <활용편>, <마무리편>으로 구분하여 각 단계에서 활용할 수 있도록 내용을 구성해 두었 습니다. 실제 교사 말을 활용하여 학습자의 발화를 칭찬하고 오류를 교정하며, 학습자 개인 활동, 짝 활동, 소그룹 활동 등 다양한 활동의 예를 제시해 두었습니다.

무엇보다 이 교재의 가장 두드러진 특징은 한국어 수업에 사용되는 교사 발화을 영어로 대역하여 함께 제시한 점입니다. 최근 들어 한국어 학습자층이 다양해지고, 국내외 한국어 교실에서 영어로 한국어 수업을 해야 하는 경우도 많아졌습니다. 그리하여 이 책에서는 영어 교육 경험이 풍부하고 수년간 영어로 한국어 수업을 지도하고 있는 현직 한국어교원의 영어 발화 녹음 파일도 함께 수록했습니다.

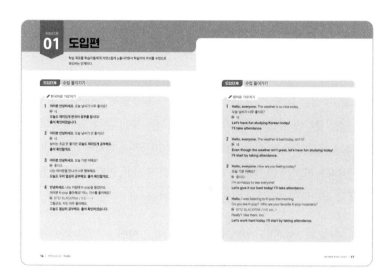

이 책은 사용자, 사용 목적, 사용 필요성에 따라 다음과 같이 활용하면 더욱 효율적으로 학습할 수 있습니다.

1. 예비 한국어교원 및 초보 한국어교원 선생님들

Step1 제2부 교안 작성 사례에 수록된 수업지도안을 읽으면서 한국어 수업의 흐름, 진행 방식, 교사 발화, 활동 형태 등을 파악한다.

Step2 제1부 교안 교수학습활동의 각 학습 단계에서 '한국어로 가르치기'에 제시된 교사 발화와 설명 등을 실제 수업을 한다는 느낌으로 소리 내어 읽으며 연습한다.

Step3 다음으로 '영어로 가르치기'에 제시된 영문 대역을 익히되 녹음 파일을 들으면서, 해당 문장이 자연스럽게 입에 붙을 때까지 소리 내어 연습한다. 유사한 의미의 영문 대역 표현이 여러 문장 존재할 경우, 가장 자신 있게 말할 수 있는 표현 한두 문장을 선택하여 반복 연습한다.

Step4 학습한 내용을 바탕으로 한국어와 영어로 수업 시연을 진행해 본다. 이때 자신이 수업하는 모습을 영상으로 촬영하여 개선할 점이 발견되면 고쳐나간다.

2. 취업을 위하여 한국어 및 영어 시강을 준비하는 한국어교원 선생님들

Step1 제2부 교안 작성 사례에 수록된 수업지도안 중 시강에 필요한 표현과 문법에 최대한 가까운 단원의 지도안을 선택한다. 지도안 내에서 시강에 필요한 단계를 골라 수업의 흐름, 진행 방식, 교사 발화, 활동 형태 등을 파악한다.

Step2 제1부 교안 교수학습활동 중 원하는 학습 단계에서 원하는 단원을 찾아 '한국어로 가르치기'에 제시된 교사 발화와 설명 등을 실제 수업을 한다는 느낌으로 소리 내어 읽으며 연습한다. 예를 들면, 시강에 필요한 교수 목표가 「'-(으)ㄹ 거예요'를 사용하여 미래 표현하기」이고 시강해야 할 단계가 제시·설명 단계인 경우, 제2부의 3과 지도안을 파악한 후, 제1부의 2단계 제시·설명편 3번을 보면서 학습한다.

Step3 다음으로 '영어로 가르치기'에 제시된 영문 대역 표현을 익히되 녹음 파일을 들으면서 소리 내어 따라 읽는다. 자연스럽고 유창하게 말할 수 있게 되면 '영어로 가르치기' 페이지를 가리고 '한국어로 가르치기' 페이지에 제시된 표현을 즉시 통역할 수 있을 정도로 연습한다.

Step4 학습한 내용을 바탕으로 자신만의 시강용 교안을 작성한다. 교안의 내용을 숙지한 후 한국어와 영어로 수업 시연을 진행해 본다. 이때 자신이 수업하는 모습을 영상으로 촬영하여 개선할 점이 발견되면 수정한다.

3. 영어로 한국어 수업을 하고 싶지만 영어에 자신이 없는 한국어교원 선생님들

Step1 목표 학습 기간을 정하고 하루에 학습할 분량을 정하여 전체적인 학습 계획을 세운다. 목표 학습 기간은 너무 길게 잡지 않도록 하고 가능하면 매일 일정 분량의 학습을 꾸준히 진행하여 자신을 영어에 지속적으로 노출시킨다.

Step2 제1부 교안 교수학습활동의 1단계부터 '영어로 가르치기' 녹음 파일을 듣고 소리 내어 자연스럽고 유창하게 말할 수 있을 때까지 따라 읽기를 반복한다. 어느 정도 자신감이 생기면 '영어로 가르치기' 부분을 가리고 '한국어로 가르치기'에 제시된 문장을 영어로 통역하는 연습을 한다.

Step3 학습한 내용을 활용하여 자신만의 교안을 작성한다. 이때 한국어와 영어를 병기하여 틈틈이 보면서 연습하면 좋다.

Step4 스스로 기획한 교안을 바탕으로 영어로 한국어 수업을 시연하면서 영상으로 촬영하여 개선할 점이 있는지 살피고 발견되면 고쳐나간다.

한국어교안 교수·학습활동

수업단계	교수·학습활동
도입 편	교사와 학생 사이에 실제로 이루어지는 대화로 상호작용 과정을 작성한다. 목표 문법이 사용되는 상황을 이용하는 것이 중요하다. 이를 통해 교사는 학생들과 학습 동기를 유도할 수 있으며, 학생들은 목표 문형의 의미를 유추할 수 있기 때문이다. 수업 들어가기 복습하기 문형 도입 학습 목표 제시
제시·설명 편	도입에서 제시한 상황들을 통해 목표 문형의 의미와 용법을 명시적으로 설명하는 단계이다. 판서 계획을 미리 해 두면 제시 단계에서 설명을 할 때 도움이 된다. 문형의 의미, 형태, 화용적 설명
연습 편	목표 문형 이해 및 사용의 정확성 향상을 위한 단계이다. 통제된 연습 → 유의미한 연습으로 진행될 수 있도록 배열한다. 목표 문형의 기계적 연습, 단순 연습
활용 편	목표 문형이 실제 사용되는 상황들을 통해 유창성 연습이 이루어질 수 있도록 통합적인 활동을 계획한다. 목표 문형 연계 말하기, 듣기, 쓰기 활동 등
마무리 편	배운 내용을 바탕으로 마무리 발화를 하거나, 배운 내용에 대한 요약 및 질의응답으로 마무리한다. 과제가 있다면 부여한다. 학습 내용 정리, 질의응답, 차시 예고, 마무리 인사

한국어교안 작성 사례

과	주제	문법	기능	활동
1	물건	-이에요/예요	사물 이름 말하기	교실의 사물 이름 묻고 답하기
2	주말 활동	-았/었/였	과거 경험 말하기	주말 활동 찾기 과거 경험 묻고 답하기
3	주말 계획	-(으)ㄹ 거예요	미래 표현하기	주말 활동 묻고 답하기 주말 계획 쓰기
4	취미	-는 것을 좋아하다	취미 말하기	취미 소개하기
5	직업	-고 싶다 -고 싶어하다	희망 표현하기	바라는 것 이야기하기 장래 희망 말하기
6	교통	-(으)로 갈아타다	환승 표현하기	교통수단 이용 방법 말하기 가고 싶은 장소 위치 설명하기
7	시간 (1)	-시 -분에	시간 표현하기	시간 묻고 답하기 하루 일과 이야기하기
8	시간 (2)	동안	소요 시간 말하기	소요 시간 묻고 답하기 생활계획표 세우기
9	사과	-아/어/여서	이유 설명하기	일어난 일의 원인 설명하기 실수나 잘못에 대해 사과하기
10	날씨	ㅂ 불규칙	날씨 표현하기	날씨 묻고 답하기 세계 도시의 날씨 이야기하기

목차

제1부 교안 교수·학습활동

제2부 한국어 교안 작성 사례

💡 한국어 교안의 구성

도입	수업 들어가기, 복습하기, 문형 도입, 학습목표 제시
제시·설명	문형의 의미, 형태, 화용적 설명
연습	목표 문형의 기계적 연습, 단순 연습
활용	목표 문형 연계 말하기, 듣기, 쓰기 활동
마무리	학습 내용 정리, 질의응답, 차시 예고, 마무리 인사

제1부

교안
교수·학습활동

외국인 학습자들에게 학습목표를 달성할 수 있도록 계획하는 활동으로 수업에 필요한 절차를 갖춰 학습 방향을 안내하는 과정입니다.

01 도입편

학습 목표를 학습자들에게 자연스럽게 노출시키면서 학습자의 주의를 수업으로
유도하는 단계이다.

도입단계 수업 들어가기

✏️ 한국어로 가르치기

1 **여러분 안녕하세요. 오늘 날씨가 너무 좋지요?**
> Ss 네.

오늘도 재미있게 한국어 공부를 합시다!
출석 확인하겠습니다.

2 **여러분 안녕하세요. 오늘 날씨가 안 좋지요?**
> Ss 네.

날씨는 조금 안 좋지만 **오늘도 재미있게 공부해요.**
출석 확인할게요.

3 **여러분 안녕하세요. 오늘 기분 어때요?**
> Ss 좋아요.

나는 여러분을 만나서 너무 행복해요.
오늘도 우리 열심히 공부해요. 출석 확인할게요.

4 **안녕하세요. 나는 아침에 K-pop을 들었어요.**
여러분 K-pop 좋아해요? 어느 가수를 좋아해요?
> Ss BTS/ BLACKPINK / IVE……!

그렇군요. 저도 아주 좋아해요.
오늘도 열심히 공부해요. 출석 확인하겠습니다.

✏️ 영어로 가르치기

1 **Hello, everyone.** The weather is so nice today.
오늘 날씨가 너무 좋지요?
Ss 네.
Let's have fun studying Korean today!
I'll take attendance.

2 **Hello, everyone.** The weather is bad today, isn't it?
Ss 네.
Even though the weather isn't great, let's have fun studying today!
I'll start by taking attendance.

3 **Hello, everyone.** How are you feeling today?
오늘 기분 어때요?
Ss 좋아요.
I'm so happy to see everyone!
Let's give it our best today! I'll take attendance.

4 **Hello.** I was listening to K-pop this morning.
Do you like K-pop? Who are your favorite K-pop musicians?
Ss BTS/ BLACKPINK / IVE etc...!
Really? I like them, too.
Let's work hard today. I'll start by taking attendance.

5 **안녕하세요.** 오늘 눈이 와요. 여러분 눈 좋아해요?

S1 네. / S2 아니요.

그렇군요. 나도 눈을 좋아해요. /

그래요? 하지만 나는 눈을 좋아해요.

여러분을 보니까 기분이 정말 좋아요.

오늘도 재미있게 공부해요. 출석 확인할게요.

6 **안녕하세요.** 점심 맛있게 먹었어요? 뭐 먹었어요?

S1 샌드위치 / S2 햄버거 / S3 파스타

그래요? 나는 한식을 먹었어요.

우리 맛있게 점심 먹었으니까 **오늘도 힘내서 재미있게 공부해요.**

출석 확인할게요.

7 **안녕하세요.** 오늘 날씨가 아주 따뜻하지요?

Ss 네.

오늘도 즐겁게 공부해요.

출석 확인할게요.

8 **안녕하세요.** 오늘 공기가 어때요? 좋아요?

S1 안 좋아요. / S2 나빠요.

그렇지요?

공기는 조금 안 좋지만 **오늘도 열심히 공부합시다.**

출석 확인할게요.

5 Hello. It's snowing today. Do you like snowy days?

여러분 눈 좋아해요?

S1 네. / S2 아니요.

I see. I also like snowy days. / Really? But I like snowy days.

Seeing all of you makes me really happy.

Let's enjoy studying Korean today. I'll start by taking attendance.

6 Hello. Did you enjoy your lunch? What did you eat?

뭐 먹었어요?

S1 샌드위치 / S2 햄버거 / S3 파스타

Really? I had Korean food.

Since we had a delicious lunch, **let's study hard and have fun today.**

I'll start by taking attendance.

7 Hello. It is very warm today, isn't it?

Ss 네.

Let's study happily today.

I'll start by taking attendance.

8 Hello. How is the air quality today? Is it good?

오늘 공기가 어때요? 좋아요?

S1 안 좋아요. / S2 나빠요.

I see.

Even though the air quality isn't great, **let's study hard today.**

I'll start by taking attendance.

9 **안녕하세요.** 요즘 꽃이 많이 피었어요. 여러분 꽃 좋아해요?

⑤1 네. / ⑤2 아니요.

그렇군요. 나도 꽃을 좋아해요. /

그래요? 하지만 나는 꽃을 좋아해요.

여러분도 꽃처럼 아름다워요. **여러분과 같이 공부해서 행복해요.**

오늘도 즐겁게 공부해요. 출석 확인할게요.

10 **안녕하세요, 여러분.** 어제 뭐 했어요?

나는 한국 드라마를 봤어요. 한국 드라마 좋아해요?

⑤s 네. 좋아해요.

나도 좋아해요. 나중에 같이 볼까요?

⑤s 네. 좋아요.

오늘도 힘내서 열심히 공부해요. 출석 확인하겠습니다.

9 **Hello.** Many flowers have bloomed lately.

Do you like flowers? 여러분 꽃 좋아해요?

s1 네. / s2 아니요.

I see. I also like flowers. / **Really?** But I like flowers.

You all are as beautiful as flowers.

I'm happy to study with you.

Let's enjoy our studies today.

I'll start by taking attendance.

10 **Hello, everyone.** What did you do yesterday?

I watched a Korean drama. Do you like Korean dramas?

ss 네, 좋아해요.

I also like watching dramas, why don't we watch one together later?

ss 네, 좋아요.

Let's give it our best today!

I'll start by taking attendance.

✎ 한국어로 가르치기

1 **지난 시간에 '이것, 그것, 저것'에 대해 공부했어요.**
기억해요? 그럼 복습해 볼까요?
(손으로 위치, 방향을 가리키며 학생의 대답을 유도한다.)
(가까운 것을 가리키며) Ss 이것
(학생이 가지고 있는 것을 가리키며) Ss 그것
(교사, 학생과 멀리 떨어져 있는 것을 가리키며) Ss 저것
잘했어요.

2 **지난 시간에 '어제, 오늘, 내일' 공부했어요.**
기억해요? 그럼 복습해 볼까요?
(달력을 가리키며 학생의 대답을 유도한다.)
(달력 오늘 날짜를 가리키며) Ss 오늘
(달력 어제 날짜를 가리키며) Ss 어제
(달력 내일 날짜를 가리키며) Ss 내일
잘했어요.

3 **지난주에 과거 표현 공부했어요. 기억해요?**
그럼 복습해 볼까요?
(동사카드를 넘기며 학생의 대답을 유도한다.)

공부하다	Ss 공부했어요	가다	Ss 갔어요
오다	Ss 왔어요	입다	Ss 입었어요
만나다	Ss 만났어요		

숙제 있었어요. 지난 주말에 무엇을 했어요? **썼어요?**
보여 주세요.
발표해 볼까요? 누가 할까요?
(손 든 학생을 가리키며) 네, 상호 씨 **해 보세요.**
S1 주말에 친구와 경주에 갔어요. 친구와 재미있게 놀았어요.
잘했어요.

✏ 영어로 가르치기

1 In the last lesson, we studied '이것, this, 그것, it, 저것, that.' **Do you remember?**
Let's review, shall we?
(pointing directions while indicating student responses)
(pointing to something close) Ss 이것
(pointing to something a student has) Ss 그것
(pointing to something far away) Ss 저것
Well done!

2 In the last class,
we studied '어제, yesterday, 오늘, today, 내일, tomorrow.
Do you remember? Let's review, shall we?
(pointing to a calendar while indicating student responses)
(pointing to today's date on the calendar) Ss 오늘
(pointing to yesterday's date on the calendar) Ss 어제
(pointing to tomorrow's date on the calendar) Ss 내일
Well done.

3 Last week, we studied past tense expressions.
Do you remember? Let's review, shall we?
(flipping through verb cards while prompting student responses)

공부하다	Ss 공부했어요	가다	Ss 갔어요
오다	Ss 왔어요	입다	Ss 입었어요
만나다	Ss 만났어요		

You had homework, right?
You were supposed to write about something you did last weekend.
Did you write it? Please show me.
Who would like to present?
(pointing to a student raising a hand)
Yes, Sang-ho, **give it a try.**
S1 주말에 친구와 경주에 갔어요. 친구와 재미있게 놀았어요.
Good job!

4 **지난주에 미래 표현 공부했어요. 기억해요?**
그럼 복습해 볼까요?

(동사카드를 넘기며 학생의 대답을 유도한다.)

공부하다	Ss 공부할 거예요	가다	Ss 갈 거예요
입다	Ss 입을 거예요	놀다	Ss 놀 거예요

잘했어요.

숙제 있었어요. 방학 계획 썼어요? 누가 발표해 볼까요?

(손 든 학생을 가리키며) 린 씨 **해 보세요.**

S1 나는 방학에 BTS 콘서트에 갈 거예요. 나는 K-pop을 좋아해요.

정말 잘했어요! 여러분 린 씨는 방학 때 뭘 할 거예요?

Ss BTS 콘서트에 갈 거예요.

네, 린 씨는 BTS 콘서트에 갈 거예요.

5 **지난주 취미에 대해 공부했어요. 기억해요? 복습해 볼까요?**

(그림 카드를 넘기며 학생의 대답을 유도한다.)

(테니스를 치는 그림)	Ss 테니스 치는 것을 좋아해요
(책을 읽는 그림)	Ss 책을 읽는 것을 좋아해요
(그림 그리는 그림)	Ss 그림 그리는 것을 좋아해요

잘했어요.

지난 시간 숙제 있었어요. 룸메이트 취미 뭐예요?

누가 발표해 볼까요? (손 든 학생을 가리키며) **해 보세요.**

S1 미키 씨는 농구하는 것을 좋아해요.

잘했어요.

4 **Last week, we studied** future tense expressions.

Do you remember? Let's review, shall we?

(flipping verb cards and prompting student responses)

공부하다	Ss 공부할 거예요	가다	Ss 갈 거예요
입다	Ss 입을 거예요	놀다	Ss 놀 거예요

Well done, everyone.

You had homework, right?

You were supposed to write about your vacation plans.

Did you write it? Who would like to present?

(pointing to a student raising a hand) Lynn, **go ahead.**

S1 나는 방학에 BTS 콘서트에 갈 거예요. 나는 K-pop을 좋아해요.

Excellent! What is Lynn going to do during the vacation?

린 씨는 방학 때 뭘 할 거예요?

Ss BTS 콘서트에 갈 거예요.

Correct! 린 씨는 BTS 콘서트에 갈 거예요.

5 **Last week, we studied** hobbies.

Do you remember? Let's review.

(flipping through picture cards while prompting student responses)

(picture of playing tennis)	Ss 테니스 치는 것을 좋아해요
(picture of reading a book)	Ss 책을 읽는 것을 좋아해요
(picture of drawing)	Ss 그림 그리는 것을 좋아해요

Well done, everyone. You had homework, right?

You were supposed to write about your roommate's hobby.

Who would like to present?

(pointing to a student raising a hand) **Give it a try.**

S1 미키 씨는 농구하는 것을 좋아해요.

Great job!

6 **우리 지난 시간** 교통수단 **공부했어요.**

미키 씨, 기숙사에서 학교까지 어떻게 와요?

S1 기숙사에서 학교까지 버스를 타고 와요.

잘했어요.

왕명 씨, 집에서 공항까지 어떻게 가요?

S2 집에서 공항까지 지하철을 타고 가요.

정말 잘했어요.

7 **지난 시간에 환승 공부했어요. '-(으)로 갈아타다' 기억해요?**

Ss 네.

그럼 복습해 볼까요?

(부산지하철 노선도 또는 판서로 경로를 제시하며)

부산역에서 해운대까지 지하철로 어떻게 가요?

부산역	⇨ (지하철 1호선)	서면	⇨ (지하철 2호선)	해운대

Ss 부산역에서 서면까지 지하철 1호선을 타고 가세요.

서면에서 2호선으로 갈아타세요.

잘했어요. 하지만 실수가 하나 있어요.

(2호선의 '선'을 가리키며) 선**에 받침이 있어요.**

그러면 '–으로'일까요? '–로'일까요?

Ss '–으로'예요. 2호선으로 갈아타세요.

그렇지요. 그래서 '2호선으로'가 맞아요. 아주 잘했어요.

6 **Last class, we studied** modes of transportation.

Miki, how do you come from the dorm to school?

S1 기숙사에서 학교까지 버스를 타고 와요.

Well done.

Wang Ming, how do you go from home to the airport?

S2 집에서 공항까지 지하철을 타고 가요.

Great job!

7 **Last class, we studied** transfers.

Do you remember '-(으)로 갈아타다'?

Ss Yes.

Shall we review?

(showing a Busan subway map or drawing a route on the board)

How do you go from Busan Station to Haeundae by subway?

부산역에서 해운대까지 지하철로 어떻게 가요?

부산역	⇨ (지하철 1호선)	서면	⇨ (지하철 2호선)	해운대

Ss 부산역에서 서면까지 지하철 1호선을 타고 가세요.

서면에서 2호선로 갈아타세요.

Well done. However, there's one mistake.

(pointing to the '선' in Line 2)

There's a final consonant. 받침이 있어요.

So, should we use '-으로' or '-로'?

Ss '-으로'예요. 2호선으로 갈아타세요.

Exactly! With 받침, we use '-으로'.

So, '2호선으로' is correct.

Very well done.

8 **지난 시간에 '몇 시 몇 분에' 공부했어요. 기억해요?**

(Ss) 네.

여러분 숙제도 있었지요? 여러분의 하루를 쓰는 것 숙제예요.

썼어요?

(Ss) 네.

그럼 발표해 볼까요? 누가 먼저 해요?

(손 든 학생을 가리키며) **네, 해 보세요.**

(S1) 나는 일곱 시 반에 일어나요.

여덟 시 반에 학교에 도착해요.

한 시에 수업이 끝나요.

여섯 시에 밥을 먹어요.

아홉 시에 숙제를 해요.

열한 시에 잠을 자요.

아주 잘했어요. 열심히 공부했어요.

또 누가 발표하고 싶어요?

(손 든 학생을 가리키며) **네, 리사 씨. 해 보세요.**

(S2) 나는 여덟 시에 일어나요.

아홉 시에 수업 시작해요.

두 시에 도서관 가요.

다섯 시에 운동해요.

일곱 시에 밥 먹어요.

열 시에 자요.

잘했어요.

그런데 한 가지. 도서관 뒤에 '-에' 필요해요.

다시 말해 볼까요?

(S2) 두 시에 도서관에 가요.

좋아요.

8 Last time, we studied '몇 시 몇 분에.' Do you remember?

Ss 네.

You also had an assignment, right?

You were supposed to write about your day.

Did you write it?

Ss 네.

Shall we do presentations? Who wants to go first?

(pointing to a student raising a hand) **Yes, go ahead.**

S1 나는 일곱 시 반에 일어나요.

여덟 시 반에 학교에 도착해요.

한 시에 수업이 끝나요.

여섯 시에 밥을 먹어요.

아홉 시에 숙제를 해요.

열한 시에 잠을 자요.

Very well done. You studied hard.

Who else would like to present?

(pointing to another raised hand) **Yes, Lisa. Go ahead.**

S2 나는 여덟 시에 일어나요.

아홉 시에 수업 시작해요.

두 시에 도서관 가요.

다섯 시에 운동해요.

일곱 시에 밥 먹어요.

열 시에 자요.

Well done.

However, there's one thing to be corrected.

You need '에' after '도서관'.

Can you say it again?

S2 두 시에 도서관에 가요.

Very good!

9 지난 시간에 우리는 '동안' 공부했어요.

그리고 숙제가 있었어요.

여러분 매일 무엇을 해요? 어디에서 해요? 몇 시간 동안 해요?

쓰기 숙제였어요.

그럼 발표해 봅시다. 누가 먼저 발표할까요?

(손 든 학생을 가리키며) **네, 리사 씨 발표하세요.**

S1 저는 학교에서 네 시간 동안 한국어 공부를 해요.

두 시간 동안 친구 집에 가요.

잘했어요.

그런데 친구 집이 멀어요? 두 시간 동안 가요?

S1 아니에요. 가까워요. 하지만 어떻게 말해요? 잘 몰라요.

괜찮아요. 알려 줄게요.

이럴 때는 이렇게 말해요.

두 시간 동안 친구 집에서 놀아요. **따라 하세요.**

Ss 두 시간 동안 친구 집에서 놀아요.

잘했어요.

10 지난 시간에 우리는 이유에 대해 **공부했어요.**

그럼 복습해 볼까요?

(단어카드를 넘기며 학생의 대답을 유도한다)

아프다	Ss 아파서	보다	Ss 봐서
피곤하다	Ss 피곤해서	일어나다	Ss 일어나서

어제 사라 씨가 아팠어요. 그래서 결석했어요.

사라 씨가 왜 결석했어요?

Ss 아파서 결석했어요.

잘했어요.

안나 씨가 시험을 잘 봤어요. 그래서 기분이 좋아요.

여러분, 안나 씨가 왜 기분이 좋아요?

Ss 시험을 잘 봐서 기분 좋아요.

좋아요. 아주 잘했어요.

9 **Last time, we studied** '동안'.

And there was homework.

You were supposed to write about your daily activities,

where you do them, and how many hours you spend.

Let's do presentations. Who would like to go first?

(pointing to a raised hand) **Yes, Lisa, please give it a try.**

Ⓢ¹ 저는 학교에서 네 시간 동안 한국어 공부를 해요.

두 시간 동안 친구 집에 가요.

You did a good job.

But is your friend's house far away?

Does it take two hours to get there? 두 시간 동안 가요?

Ⓢ¹ 아니에요. 가까워요. 하지만 어떻게 말해요? 잘 몰라요.

That's okay. I'll help you.

In this case, you can say it like this:

"두 시간 동안 친구 집에서 놀아요." **Try saying that.**

Ⓢˢ 두 시간 동안 친구 집에서 놀아요.

Well done.

10 **Last time, we studied** how to explain reasons.

Shall we review?

(flipping through word cards while prompting student responses)

아프다	Ⓢˢ 아파서	보다	Ⓢˢ 봐서
피곤하다	Ⓢˢ 피곤해서	일어나다	Ⓢˢ 일어나서

어제 사라 씨가 아팠어요. Yesterday, Sarah was sick.

그래서 결석했어요. So, she was absent.

사라 씨가 왜 결석했어요? Why was she absent?

Ⓢˢ 아파서 결석했어요.

Well done.

안나 씨가 시험을 잘 봤어요. Anna did well on the exam.

그래서 기분이 좋아요. So, she feels happy.

안나 씨가 왜 기분이 좋아요? Why is Anna happy?

Ⓢˢ 시험을 잘 봐서 기분 좋아요.

Good. Very well done.

✎ 한국어로 가르치기

1 (책을 가리키며) 여러분 이것은 뭐예요?

Ss 책

('책이에요'를 판서하며) 네, **책이에요.**

(시계를 가리키며) **저것은 뭐예요?**

Ss 시계

('시계예요'를 판서하며) 네, 시계**예요.**

(판서한 내용을 가리키며) **오늘은 '-이에요/예요' 같이 공부해요.**

2 (달력 어제 날짜를 가리키며)

나는 어제 친구와 영화를 봤어요. 이명 씨 **어제 뭐 했어요?**

S1 어제 잠을 자요.

이명 씨는 어제 잠을 잤어요. 샤흐조드 씨**는 어제 뭐 했어요?**

S2 도서관 가요.

그랬군요. 샤흐조드 씨는 어제 도서관에 갔어요.

응언 씨는 **어제 무엇을 했어요?**

S3 친구를 만..났..어요.

우와! 정말 잘했어요. 응언 씨는 어제 친구를 만났어요.

('-았/었/였어요' 판서하며) **오늘은 '-았/었/였어요' 함께 공부해요.**

✎ 영어로 가르치기

1 (Pointing to the book)

What is this, everyone? 여러분 이것은 뭐예요?

Ss 책.

(Writing '책이에요' while pointing)

Yes, this is a book. 책이에요.

(Pointing to the clock) **What is that?** 저것은 뭐예요?

Ss 시계.

(Writing '시계예요' on the board)

Yes, that is a clock. 시계예요.

(Pointing to the written content)

Today, we are going to learn '-예요/-이에요'.

2 (Pointing to yesterday's date on the calendar)

I watched a movie with my friend yesterday.

What did you do yesterday, Lee Myung? 어제 뭐 했어요?

S1 어제 잠을 자요.

이명 씨는 어제 잠을 잤어요.

What about Shahzad? **What did you do yesterday?**

샤흐조드 씨는 어제 뭐 했어요?

S2 도서관 가요.

I see. 샤흐조드 씨는 어제 도서관에 갔어요.

Then Ung Un, **what did you do yesterday?**

S3 친구를 만..났..어요.

Wow! Well done. 응언 씨는 어제 친구를 만났어요.

(Writing '-았/었/였어요' on the board)

Today, let's learn to talk about past events using '-았/었/였어요'.

3 (달력을 보여 주며) 어제, 오늘, 내일

따라 하세요. 어제 ⓢⓢ 어제 오늘 ⓢⓢ 오늘 내일 ⓢⓢ 내일

잘했어요.

나는 내일 친구를 만나요. 나는 내일 친구를 만날 거예요.

일매 씨는 내일 뭐 해요?

ⓢ₁ 도서관에서 공부해요.

일매 씨는 내일 도서관에서 공부할 거예요. 진등 씨 **내일 뭐 해요?**

ⓢ₂ 친구와 게임할 거예요.

잘했어요. 진등 씨는 내일 친구와 게임할 거예요.

('-(으)ㄹ 거예요' 판서하며) **오늘은** '-(으)ㄹ 거예요' **공부해요.**

4 나는 월요일, 화요일, 수요일, 목요일, 금요일

(수영하는 흉내를 내며) 수영해요.

나는 수영하는 것을 좋아해요.

린 씨는 시간이 있어요. **무엇을 해요?**

ⓢ₁ 한국 드라마 봐요.

린 씨는 한국 드라마 보는 것을 좋아해요.

아야 씨는 무엇을 좋아해요?

ⓢ₂ 쇼핑하는 것을 좋아해요.

잘했어요. 아야 씨는 쇼핑하는 것을 좋아해요.

('-는 것을 좋아하다' 판서하며) **오늘** '-는 것을 좋아하다' **공부해요.**

3 (Pointing to the calendar) 어제, 오늘, 내일

Repeat after me.

어제 Ss 어제 오늘 Ss 오늘 내일 Ss 내일

Good job!

나는 내일 친구를 만나요. 나는 내일 친구를 만날 거예요.

Ilmae, **what are you doing tomorrow?** 내일 뭐 해요?

S1 도서관에서 공부해요.

일매 씨는 내일 도서관에서 공부할 거예요.

What about Jindung? **What are you doing tomorrow?** 내일 뭐 해요?

S2 친구와 게임할 거예요.

Well done. 진등 씨는 내일 친구와 게임할 거예요.

(Writing '-(으)ㄹ 거예요' on the board) **Today, we will learn** '-(으)ㄹ 거예요' to talk about future plans.

4 나는 월요일, 화요일, 수요일, 목요일, 금요일

From Monday to Friday, I... (imitating swimming) swim.

수영해요.

I like swimming. 나는 수영하는 것을 좋아해요.

Lynn, when you have free time, **what do you usually do?**

린씨는 시간이 있어요. 무엇을 해요?

S1 한국 드라마 봐요.

린 씨는 한국 드라마 보는 것을 좋아해요.

Aya, **what do you like to do in your free time?**

아야 씨는 무엇을 좋아해요?

S2 쇼핑하는 것을 좋아해요.

Well done. 아야 씨는 쇼핑하는 것을 좋아해요.

(Writing '-는 것을 좋아하다' on the board)

Today, we will learn '-는 것을 좋아하다' to talk about hobbies.

5 (영화 포스터를 보여 주며) 여러분 영화 **좋아해요?**

　Ss 네, 좋아해요.

그래요? 나도 영화를 좋아해요.

오늘 수업이 끝난 후에 영화를 보고 싶어요.

사야카 씨는 수업 후에 무엇을 하고 싶어요?

　S1 진등 씨와 바브 먹고 싶어요.

정말요? 와! 사야카 씨는 진등 씨와 밥을 먹고 싶군요.

('밥' 판서하며) 밥.

선생님 입 보세요. 밥.

한 명씩 해 볼까요?

　S1 밥, S2 밥, ⋯⋯.

모두 잘했어요.

('밥을' 판서하며) ㅂ 소리가 여기로 올라가요.

'밥을[바블]' 따라 하세요.

　Ss 밥을[바블]

네, 잘했어요.

오늘은 '-고 싶어요' 같이 공부해요.

5 (Showing a movie poster)

Hey everyone, do you like movies**?** 여러분 영화 좋아해요?

Ss 네, 좋아해요.

Really? I also like movies, 나도 영화를 좋아해요.

After today's class, I'd like to watch a movie.

오늘 수업이 끝난 후에 영화를 보고 싶어요.

Sayaka, **what would you like to do after class?**

사야카 씨는 수업 후에 무엇을 하고 싶어요?

S1 진등 씨와 바브 먹고 싶어요.

Really? Wow! She would like to eat with Jindung.

사야카 씨는 진등 씨와 밥을 먹고 싶어요.

(Writing '밥' on the board)

밥. **Look at my lips.**

Let's try saying '밥' **one by one.**

한 명씩 해 볼까요?

S1 밥, S2 밥, …….

Great job, everyone.

(Writing '밥을' on the board) **the '**ㅂ**' sound goes up here.**

Repeat after me. '밥을[바블]'

Ss 밥을[바블]

Well done.

Today, let's learn '-고 싶어요' to talk about what you would like to do.

6 **여러분** 해운대 **알아요?**

Ss 네, 알아요.

(부산지하철 노선도를 보여 주며)

부산역에서 해운대까지 어떻게 가요?

Ss 부산역에서 서면까지 1호선을 타고 가요.
그리고 서면에서 해운대까지 2호선을 타요.

맞아요.

부산역에서 서면까지 1호선을 타고 가요.

그리고 서면역에서 2호선으로 갈아타요.

('-(으)로 갈아타다'를 판서하며)

오늘은 '-(으)로 갈아타다' 같이 공부해요.

7 여러분, 우리 수업 시작이 몇 시예요?

Ss 구 시.

맞아요. 아홉 시에 시작해요.

그럼 수업이 몇 시에 끝나요?

Ss 일 시.

한 시? **그래요.** 한 시에 끝나요.

그런데 지금 몇 시예요?

Ss ······.

잘 모르겠어요?

Ss 네.

(웃으면서) **여러분 괜찮아요. 오늘 배울 거예요.**

('-시 -분', '-에'를 판서하며)

오늘은 '몇 시 몇 분에' 같이 공부해요.

6 **Hey everyone, do you know** Haeundae? 여러분 해운대 알아요?

(Ss) 네, 알아요.

(Showing the Busan subway map)

How do you get from Busan Station to Haeundae?

부산역에서 해운대까지 어떻게 가요?

(Ss) 부산역에서 서면까지 1호선을 타고 가요.
그리고 서면에서 해운대까지 2호선을 타요.

That's right.

From Busan Station, take Line 1 to Seomyeon.

부산역에서 서면까지 1호선을 타고 가요.

Then transfer to Line 2 at Seomyeon.

그리고 서면역에서 2호선으로 갈아타요.

(Writing '-(으)로 갈아타다' on the board)

Today, let's learn '-(으)로 갈아타다'.

7 **Hey everyone, what time does our class start?**

우리 수업 시작이 몇 시예요?

(Ss) 구 시.

Yes, it starts at nine. 아홉 시에 시작해요.

Then, what time does it end? 수업이 몇 시에 끝나요?

(Ss) 일 시.

한 시? **That's right.** It ends at 1 o'clock. 한 시에 끝나요.

By the way, what time is it now? 지금 몇 시예요?

(Ss) …….

Don't know how to say it? 잘 모르겠어요?

(Ss) 네.

(Smiling) **It's okay. You're going to learn this today.**

(Writing '-시 -분', '-에' on the board)

Today, we will learn '몇 시 몇 분에' to tell the time.

8 그런데 리사 씨, 어제 몇 시에 숙제를 시작했어요?

S3 여덟 시에 시작했어요.

몇 시에 숙제가 끝났어요?

S3 여덟 시 이십 분에 끝났어요.

네. 그럼 리사 씨는 이십 분 동안 숙제를 했어요.

('동안'을 판서하며) **오늘은 '동안'을 공부할 거예요.**

9 **여러분, 학교에 오기 전에 밥을 먹었어요?**

Ss 네, 먹었어요. / 아니요, 안 먹었어요.

밥을 안 먹은 사람들, **지금 배가 고파요?**

Ss 네, 배가 고파요.

왜 배가 고파요? 왜?

Ss 밥을 안 먹었어요.

그래요. 밥을 안 먹었어요. 그래서 배가 고파요.

밥을 안 먹어서 배가 고파요.

('-아서/어서/여서'를 판서하며)

오늘은 '-아서/어서/여서' 같이 공부해요.

8 Lisa, what time did you start doing homework yesterday?

어제 몇 시에 숙제를 시작했어요?

S3 여덟 시에 시작했어요.

What time did it end? 몇 시에 숙제가 끝났어요?

S3 여덟 시 이십 분에 끝났어요.

Okay. Then she was doing her homework for 20 minutes.

리사 씨는 이십 분 동안 숙제를 했어요.

(Writing '- 동안' on the board)

Today, we will learn '동안' to describe duration.

9 Hey everyone, did you have breakfast before coming to school?

학교에 오기 전에 밥을 먹었어요?

Ss 네, 먹었어요. / 아니요, 안 먹었어요.

For those who didn't eat, let me ask a question.

Are you hungry now?

밥을 안 먹은 사람들, 지금 배가 고파요?

Ss 네, 배가 고파요.

Why are you hungry? 왜 배가 고파요? 왜?

Ss 밥을 안 먹었어요.

That's right.

Because you didn't eat. That's why you're hungry.

You didn't eat, so you're hungry.

밥을 안 먹었어요. 그래서 배가 고파요.

밥을 안 먹어서 배가 고파요.

(Writing '-아서/어서/여서' on the board)

Today, we will learn '-아서/어서/여서' to explain reasons.

10 **여러분 요즘 날씨가 어때요?**

> **Ss** 음……. (더운 듯한 몸짓 / 추운 듯한 몸짓을 한다.)

날씨 이야기하는 거 어렵지요?

(여름 날씨를 묘사하는 그림 카드를 제시하며 '덥다'를 판서한다.)

날씨가 덥다. 더워요.

(겨울 날씨를 묘사하는 그림 카드를 제시하며 '춥다'를 판서한다.)

날씨가 춥다. 추워요.

오늘은 날씨를 공부해요.

10 **How's the weather these days, everyone?**

여러분 요즘 날씨가 어때요?

ss 음……. (Gesture indicating hot/cold)

Talking about the weather **can be challenging, right?**

날씨 이야기하는 거 어렵지요?

(Presenting an illustration card depicting summer weather and writing '덥다')

The weather is hot. 날씨가 덥다. It's hot. 더워요.

(Presenting an illustration card depicting winter weather and writing '춥다')

The weather is cold. 날씨가 춥다. It's cold. 추워요.

Today, we will learn to describe the weather.

제시 · 설명은 학습 목표가 되는 문법 항목을 학습자들이 이해할 수 있도록 하는 단계이다.

제시 · 설명단계 문형의 의미, 형태, 화용적 설명

✏️ 한국어로 가르치기

1 ('책'을 가리키며) **이것은** 책**이에요.**

('의자'를 가리키며) **이것은** 의자**예요.**

(PPT 제시)

시계 → 시계**예요**	책 → 책**이에요**
의자 → 의자**예요**	책상 → 책상**이에요**
컴퓨터 → 컴퓨터**예요**	연필 → 연필**이에요**

(시계의 '계'를 가리키며) '시계' **받침이 없어요. '-예요'**

(의자의 '자'를 가리키며) '의자' **받침이 없어요. '-예요'**

(컴퓨터의 '터'자를 가리키며) '컴퓨터' **받침이 없어요. '-예요'**

시계 시계예요, 의자 의자예요, 컴퓨터 컴퓨터예요

(책의 'ㄱ' 받침을 가리키며) '책' **받침이 있어요. '-이에요'**

(책상의 'ㅇ' 받침을 가리키며) '책상' **받침이 있어요. '-이에요'**

(연필의 'ㄹ' 받침을 가리키며) '연필' **받침이 있어요. '-이에요'**

책, 책이에요. 책상, 책상이에요. 연필, 연필이에요.

알겠어요?

Ss 네.

'-이에요/예요' **앞에는** (PPT를 가리키며) '시계, 의자, 컴퓨터, 책상, 연필' **이렇게 명사가 와요.**

질문 있어요?

Ss 아니요, 없어요.

✏️ 영어로 가르치기

1 (Pointing to the book) **This is a** book. 이것은 책이에요.
(Pointing to the chair) **This is a** chair. 이것은 의자예요.
(Presenting a slide)

시계 → 시계**예요**	책 → 책**이에요**
의자 → 의자**예요**	책상 → 책상**이에요**
컴퓨터 → 컴퓨터**예요**	연필 → 연필**이에요**

(Pointing to the '계' in '시계') '계' in '시계' **doesn't have a final consonant.** 받침이 없어요. So we put '-예요' after '시계'.
(Pointing to '자' in '의자') '자' in '의자' **doesn't have a final consonant.** So we put '-예요'.
(Pointing to '터' in '컴퓨터') '터' in '컴퓨터' **doesn't have a final consonant.** So we put '-예요'.
시계, 시계예요. 의자, 의자예요. 컴퓨터, 컴퓨터예요.
(Pointing to 'ㄱ' in '책') '책' **has a final consonant.** 받침이 있어요. So, we put '-이에요' after '책'.
(Pointing to 'ㅇ' in '책상') '상' in '책상' **has a final consonant.** 받침이 있어요. So we put '-이에요' after '책상'.
(Pointing to 'ㄹ' in '연필') '필' in '연필' **has a final consonant.** 받침이 있어요.
So we put '-이에요' after '연필'.
책, 책이에요. 책상, 책상이에요. 연필, 연필이에요.
Understood?
Ss 네.
(Pointing to the slide) **Before** '-이에요/예요', **we use nouns like** '시계, 의자, 컴퓨터, 책상, and 연필' **Any questions?**
Ss 아니요, 없어요.

2 '-았/었/였'은 '과거 표현'이에요.

(빵 그림을 보여 주며) 빵이 있어요.

(먹는 척하며) 빵을 먹어요.

(빈 접시 그림을 보여 주며) 빵이 없어요. 빵 어디에 있어요?

ⓢ 선생님 먹어요.

내가 빵을 먹었어요.

(PPT 제시)

살 다 : 살 + **았** → 살았어요 잡 다 : 잡 + **았** → 잡았어요	먹 다 : 먹 + **었** → 먹었어요 읽 다 : 읽 + **었** → 읽었어요
만나다 : 만나 + **았** → 만났어요 보 다 : 보 + **았** → 보았어요 → 봤어요	공부하다 : 공부하 + **였** → 공부하였어요 → 　　　　　　 공부했어요 수영하다 : 수영하 + **였** → 수영하였어요 → 　　　　　　 수영했어요

('살다, 잡다'의 'ㅏ', '보다'의 'ㅗ'를 가리키며)

'ㅏ', 'ㅗ'로 끝날 때 ('았'을 동그라미 치며) **'았'이 와요.**

살다, 살았어요. 잡다, 잡았어요. 만나다, 만나았어요, 만났어요.

보다, 보았어요, 봤어요.

('공부하다, 수영하다'의 '하다'를 가리키며) **'하다'가 오면**

('였'을 동그라미 치며) **'였'이 와요.** 공부하다, 공부하였어요.

(엄지와 검지의 간격을 줄이며) 공부했어요.

수영하다, 수영하였어요,(엄지와 검지의 간격을 줄이며) 수영했어요.

'ㅏ, ㅗ', '하다' 말고 'ㅓ, ㅣ, ㅜ,…' 모두 '었'을 써요.

알겠어요?

ⓢ 네.

(PPT를 가리키며) 먹다, 먹었어요. 읽다, 읽었어요.

'-았어요/었어요/였어요' 앞에는 동사, 형용사 와요.

질문 있어요?

ⓢ 아니요, 없어요.

2 We use '-았/었/였' to indicate past tense.

(Pointing to a picture of bread) There is bread.

(Pretending to eat) I'm eating bread. 빵을 먹어요.

(Pointing to an empty plate) There's no bread. 빵이 없어요.

Where is the bread? 빵 어디에 있어요?

Ss 선생님 먹어요.

Yes, I ate the bread. 내가 빵을 먹었어요.

(Presenting a slide)

살 다 : 살 + **았** → 살았어요 잡 다 : 잡 + **았** → 잡았어요	먹 다 : 먹 + **었** → 먹었어요 읽 다 : 읽 + **었** → 읽었어요
만나다 : 만나 + **았** → 만났어요 보 다 : 보 + **았** → 보았어요 → 봤어요	공부하다 : 공부하 + **였** → 공부하였어요 → 공부했어요 수영하다 : 수영하 + **였** → 수영하였어요 → 수영했어요

(Pointing to 'ㅏ' in '살다, 잡다' and 'ㅗ' in '보다')

After stems ending with 'ㅏ' or 'ㅗ', we use '았'(Circling '았') **for past tense conjugation.**

살다, 살았어요. 잡다, 잡았어요. 만나다, 만나았어요, 만났어요,

보다. 보았어요, 봤어요.

(Pointing to '하다' in '공부하다, 수영하다')

After verbs including '하다', (circling '였') **we use '였' for past tense conjugation.**

공부하다, 공부하였어요.

And 공부하였어요 can be shortened to 공부했어요.

수영하다 수영하였어요. (Shortening the space between thumb and index finger) 수영했어요.

For the stems ending with 'ㅏ' or 'ㅗ', we use '았'.

And for the verb stem '하다,' we use '였'.

But for stems ending with all the other vowels like 'ㅓ, ㅣ, ㅜ, and so on, we use '었' for past tense conjugation.

Understood?

Ss 네.

(Pointing to the slide) 먹다, 먹었어요. 읽다, 읽었어요.

Verbs and adjectives are conjugated with '-았어요/었어요/였어요' for the past tense. Any questions?

Ss 아니요, 없어요.

3 '-(으)ㄹ 거예요'는 '미래 표현'이에요.

(달력을 보여 주며) 나는 주말에 백화점에 갈 거예요.

나는 다음 주에 어머니를 만날 거예요.

(PPT 제시)

가 다 : 가 + **ㄹ 거예요** → 갈 거예요

만나다 : 만나 + **ㄹ 거예요** → 만날 거예요

공부하다 : 공부하 + **ㄹ 거예요** → 공부할 거예요

먹 다 : 먹 + **을 거예요** → 먹을 거예요

읽 다 : 읽 + **을 거예요** → 읽을 거예요

놀 다 : 놀 + **ㄹ 거예요** → 놀 거예요

만들다 : 만들 + **ㄹ 거예요** → 만들 거예요

('가다'의 '가'를 가리키며) **받침이 없어요. '-ㄹ 거예요'**

가다, 갈 거예요. 만나다, 만날 거예요. 공부하다, 공부할 거예요.

('먹다'의 'ㄱ' 받침을 동그라미 치며) **받침 있어요.**

받침 있으면 '-을 거예요' 써요.

먹다, 먹을 거예요. 읽다, 읽을 거예요.

('놀다, 만들다'의 'ㄹ' 받침을 동그라미 치며)

ㄹ 있어요. ㄹ 있으면 ㄹ 거예요.

놀다, 놀 거예요. 만들다, 만들 거예요.

ㄹ동사 잘 기억하세요.

Ss 네.

'-(으)ㄹ 거예요' **앞에는 '가다, 만나다, 먹다' 동사가 와요.**

질문 있어요?

Ss 아니요, 없어요.

3 **We use '-(으)ㄹ 거예요' to indicate future tense.**

(Pointing to the calendar)

I will go to the department store this weekend.

나는 주말에 백화점에 갈 거예요.

I will see my mother next week.

나는 다음 주에 어머니를 만날 거예요.

(Presenting a slide)

가 다 : 가 + **ㄹ 거예요** → 갈 거예요

만나다 : 만나 + **ㄹ 거예요** → 만날 거예요

공부하다 : 공부하 + **ㄹ 거예요** → 공부할 거예요

먹 다 : 먹 + **을 거예요** → 먹을 거예요

읽 다 : 읽 + **을 거예요** → 읽을 거예요

놀 다 : 놀 + **ㄹ 거예요** → 놀 거예요

만들다 : 만들 + **ㄹ 거예요** → 만들 거예요

(Pointing to '가' in '가다') '가' **has no final consonant.**

받침이 없어요. So we put '-ㄹ 거예요' after '가'.

가다, 갈 거예요. 만나다, 만날 거예요. 공부하다, 공부할 거예요.

(Circling 'ㄱ' in '먹다')

'먹' **has a final consonant.** 받침 있어요.

So we put '-을 거예요' after '먹'.

먹다, 먹을 거예요. 읽다, 읽을 거예요.

(Circling 'ㄹ' in '놀다, 만들다')

For the verb stems ending in 'ㄹ', we use '-ㄹ 거예요'.

놀다, 놀 거예요. 만들다, 만들 거예요.

Remember the conjugation rules for 'ㄹ verbs'.

Ss 네.

Verbs like 가다, 만나다, and 먹다 **are conjugated with '-(으)ㄹ 거예요'. Any questions?**

Ss 아니요, 없어요.

4 '-는 것을 좋아해요'는 자신이 좋아하**는 것을 말할 때 사용해요.**
(PPT 제시)

디나 씨는 책을 읽**는 것을 좋아해요.**

민호 씨는 노래 부르**는 것을 좋아해요.**

사요 씨는 음식 만드**는 것을 좋아해요.**

여기 보세요. 따라 하세요.

디나 씨는 책을 읽는 것을 좋아해요.

Ss 디나 씨는 책을 읽는 것을 좋아해요.

민호 씨는 노래 부르는 것을 좋아해요.

Ss 민호 씨는 노래 부르는 것을 좋아해요.

사요 씨는 음식 만드는 것을 좋아해요.

Ss 사요 씨는 음식 만드는 것을 좋아해요.

잘했어요.

('읽는'의 'ㄺ' 받침을 가리키며) **받침 있어요.** -는 것을 좋아해요

('부르는'의 '르'를 가리키며) **받침 없어요.** -는 것을 좋아해요.

'**만들다' ㄹ동사는 뒤에 ㄴ이 오면 받침 ㄹ이 없어져요.**

그래서 '만드는 것을 좋아해요' 라고 해요.

알겠어요?

Ss 네.

'-**는 것을 좋아하다'는 앞에는 '읽다, 부르다, 만들다, 가다, 먹다' 동사가 와요.**

질문 있어요?

Ss 아니요, 없어요.

4 **We use '-는 것을 좋아해요' to say what you like to do.**

(Presenting a slide)

디나 씨는 책을 읽**는 것을 좋아해요**.

민호 씨는 노래 부르**는 것을 좋아해요**.

사요 씨는 음식 만드**는 것을 좋아해요**.

Look here. Repeat after me.

디나 씨는 책을 읽는 것을 좋아해요.

Ss 디나 씨는 책을 읽는 것을 좋아해요.

민호 씨는 노래 부르는 것을 좋아해요.

Ss 민호 씨는 노래 부르는 것을 좋아해요.

사요 씨는 음식 만드는 것을 좋아해요.

Ss 사요 씨는 음식 만드는 것을 좋아해요.

Well done.

(Pointing to '리', the final consonant of '읽는')

There's a final consonant in '읽'. 받침 있어요.

So we use '-는 것을 좋아해요' after '읽'.

(Pointing to 'ㄹ' in '부르는') **There's no final consonant.**

받침 없어요. So we put '-는 것을 좋아해요' after '부르'.

For verbs ending in 'ㄹ', the final consonant 'ㄹ' disappears when followed by 'ㄴ'.

That's why we say '만드는 것을 좋아해요'.

Understood?

Ss 네.

Verbs like 읽다, 부르다, 만들다, 가다, and 먹다 **are used before '**-는 것을 좋아하다'.

Any questions?

Ss 아니요, 없어요.

5 '-고 싶다'는 하고 싶은 **일을 말할 때 사용해요.**
(PPT 제시)

나는 제주도에 가고 **싶어요.**
나는 친구와 놀고 **싶어요.**
미키 씨는 불고기를 먹고 **싶어해요.**
첸첸 씨는 춤을 추고 **싶어해요.**

여기 보세요. 따라 하세요.
나는 제주도에 가고 싶어요.
Ss 나는 제주도에 가고 싶어요.
나는 친구와 놀고 싶어요.
Ss 나는 친구와 놀고 싶어요.
미키 씨는 불고기를 먹고 싶어해요.
Ss 미키 씨는 불고기를 먹고 싶어해요.
첸첸 씨는 춤을 추고 싶어해요.
Ss 첸첸 씨는 춤고 추고 싶어해요.
(PPT를 가리키며) **받침이 있어요.** '-고 싶어요',
받침이 없어요. '-고 싶어요' **모양이 같아요.**
('나'를 가리키며) 나는 '-고 싶어요'
(학생들을 가리키며) 다른 사람은 미키는, 첸첸은 '-고 싶어해요' 써요.
알겠어요?
Ss 네.
'-고 싶어요' 앞에는 '가다, 먹다, 자다' **동사가 와요.**
질문 있어요?
Ss 아니요, 없어요.

5 '-고 싶다' is used to express what you want to do.

(Presenting a slide)

나는 제주도에 가고 **싶어요**.

나는 친구와 놀고 **싶어요**.

미키 씨는 불고기를 먹고 **싶어해요**.

첸첸 씨는 춤을 추고 **싶어해요**.

Watch this. Repeat after me.

나는 제주도에 가고 싶어요.

Ss 나는 제주도에 가고 싶어요.

나는 친구와 놀고 싶어요.

Ss 나는 친구와 놀고 싶어요.

미키 씨는 불고기를 먹고 싶어해요.

Ss 미키 씨는 불고기를 먹고 싶어해요.

첸첸 씨는 춤을 추고 싶어해요.

Ss 첸첸 씨는 춤고 추고 싶어해요.

(Pointing to the slide)

If there is a final consonant, we use '-고 싶어요',

If there is no final consonant, we also use '-고 싶어요'.

This means they are conjugated in the same form.

(Pointing to the teacher himself/herself)

When talking about your own desire, you have to use '-고 싶어요'.

(Pointing to the students)

But when talking about someone else's desire, you should say "미키는/ 첸첸은 -고 싶어해요".

Understood?

Ss 네.

Verbs like 가다, 먹다, **and** 자다 **are conjugated with** '-고 싶어요'. **Any questions?**

Ss 아니요, 없어요.

6 (부산지하철 노선도에서 '부산역'과 '해운대'를 동그라미 치며)

부산역에서 해운대까지 **어떻게 가요?**

부산역에서 서면까지 1호선을 타요. 서면에서 2호선으로 갈아타요.

1호선에서 내려요. 2호선 타요. 2호선으로 갈아타요.

'-(으)로 갈아타요' 알겠어요?

🅢 네.

(PPT 제시)

101번 버스**로 갈아타세요.**

여기서 3호선**으로 갈아타세요.**

다음 정류장에서 내리세요. 그리고 지하철**로 갈아타세요.**

여기 보세요. 따라 하세요.

101번 버스로 갈아타세요.

🅢 101번 버스로 갈아타세요.

여기서 3호선으로 갈아타세요.

🅢 여기서 3호선으로 갈아타세요.

다음 정류장에서 내리세요. 그리고 지하철로 갈아타세요.

🅢 다음 정류장에서 내리세요. 그리고 지하철로 갈아타세요.

(PPT의 '버스'의 '스'를 동그라미 치며) 버스 **받침이 없어요.**

'-로 갈아타다'

('3호선'에서 'ㄴ'을 동그라미 치며) 3호선 **받침이 있어요.**

'-으로 갈아타다' 써요.

('지하철'에서 'ㄹ'을 동그라미 치며) 지하철 ㄹ **받침이에요.**

ㄹ받침은 '-로 갈아타다' 라고 해요.

알겠어요?

🅢 네.

'-(으)로 갈아타다' 앞에는 '버스, 택시, 배' **명사가 와요.**

질문 있어요?

🅢 아니요, 없어요.

6 (Pointing to 'Busan Station' and 'Haeundae' on the Busan subway map)

How do you get from Busan Station **to** Haeundae?

From Busan Station, take Line 1 to Seomyeon.

Transfer to Line 2 at Seomyeon.

Get off from Line 1. 1호선에서 내려요.

Take Line 2. 2호선 타요.

Transfer to Line 2. 2호선으로 갈아타요.

Do you understand the meaning of '-(으)로 갈아타요'?

Ss 네.

(Pointing to the slide)

101번 버스**로 갈아타세요.**

여기서 3호선**으로 갈아타세요.**

다음 정류장에서 내리세요. 그리고 지하철**로 갈아타세요.**

Watch this and repeat after me. 101번 버스로 갈아타세요.

Ss 101번 버스로 갈아타세요.

여기서 3호선으로 갈아타세요.

Ss 여기서 3호선으로 갈아타세요.

다음 정류장에서 내리세요. 그리고 지하철로 갈아타세요.

Ss 다음 정류장에서 내리세요. 그리고 지하철로 갈아타세요.

(Pointing to '버스' and circling '스' in the word) **The last syllable** '스' in '버스' **has no final consonant.** 받침이 없어요.

So, we use '-로 갈아타다' after '버스'.

(Pointing to '3호선' and circling 'ㄴ' in the word) '선' in '3호선' **has a final consonant.** 받침이 있어요.

So, we use '-으로 갈아타다'.

(Pointing to '지하철' and circling 'ㄹ' in the word)

'철' in '지하철' has a final consonant, which is 'ㄹ'.

After the final consonant 'ㄹ', we use '-로 갈아타다'.

Understood?

Ss 네.

Nouns like 버스, 택시, and 배 **are used before** '-(으)로 갈아타다'.

Any questions?

Ss 아니요, 없어요.

7 (시계 그림을 제시하며) **여기에 시계가 있어요.**

숫자 1은 몇 시일까요?

Ss 일 시.

숫자 1은 일 시가 아니고, 한 시예요.

(시계의 숫자를 가리키며 숫자 옆에 시간을 판서한다.)

1-한 시, 2-두 시, 3-세 시, 4-네 시, 5-다섯 시, 6-여섯 시,

7-일곱 시, 8-여덟 시, 9-아홉 시, 10-열 시, 11-열한 시, 12-열두 시

따라 하세요.

한 시 Ss 한 시, 두 시 Ss 두 시······.

잘했어요.

(시계의 분침을 가리키며) **그럼 이제 분을 말해 봅시다.**

분을 말할 때는 일, 이, 삼 써요.

1-일 분, 2-이 분, 3-삼 분 ··· 10-십 분, 11-십일 분, 22-이십이 분

33-삼십삼 분, 44-사십사 분, 55-오십오 분, 60-육십 분

따라 하세요. 일 분 Ss 일 분, 십일 분 Ss 십일 분······.

좋아요. 여기 시계를 보세요. 몇 시 몇 분이에요? **말하세요.**

① 02:20	② 03:15	③ 04:45	④ 05:05
두 시 이십 분	세 시 십오 분	네 시 사십오 분	다섯 시 오 분
⑤ 10:30	⑥ 11:25	⑦ 12:08	⑧ 01:01
열 시 삼십 분	열한 시 이십오 분	열두 시 팔 분	한 시 일 분

(PPT 상에서 클릭하면 정답이 나타나게 설정)

1번 시계. 몇 시 몇 분이에요?

Ss 두 시 이십 분이에요.

(정답을 보여주며) **잘했어요. 따라 하세요.** 두 시 이십 분이에요.

Ss 두 시 이십 분이에요.

좋아요. 그럼 3번은 몇 시 몇 분이에요?

Ss 사 시 사십오 분이에요.

사십오 분 맞았어요. 그런데 사 시 아니에요. **어떻게 말해요?**

Ss 네 시 사십오 분이에요.

맞아요. (정답을 보여주며) **따라 하세요.** 네 시 사십오 분이에요.

Ss 네 시 사십오 분이에요.

7 (Showing a clock drawing) **Here is a** clock.

How do you say 1 o'clock in Korean?

Ss 일 시.

1 o'clock is not 일 시 but 한 시 in Korean.

(Pointing to the numbers on the clock and writing the corresponding time next to them)

1-한 시, 2-두 시, 3-세 시, 4-네 시, 5-다섯 시, 6-여섯 시,

7-일곱 시, 8-여덟 시, 9-아홉 시, 10-열 시, 11-열한 시, 12-열두 시

Follow along. 한 시 **Ss** 한 시, 두 시 **Ss** 두 시…….

Well done. (Pointing to the minute hand of the clock)

Now, let's talk about the minutes.

When talking about the minutes, we use 일, 이, 삼.

1-일 분, 2-이 분, 3-삼 분 … 10-십 분, 11-십일 분, 22-이십이 분

33-삼십삼 분, 44-사십사 분, 55-오십오 분, 60-육십 분

Repeat after me. 일 분 **Ss** 일 분, 십일 분 **Ss** 십일 분…….

Good. Look at the clock **here.**

What time is it? **Please tell me in Korean.**

① 02:20	② 03:15	③ 04:45	④ 05:05
두 시 이십 분	세 시 십오 분	네 시 사십오 분	다섯 시 오 분
⑤ 10:30	⑥ 11:25	⑦ 12:08	⑧ 01:01
열 시 삼십 분	열한 시 이십오 분	열두 시 팔 분	한 시 일 분

(Clicking on the PowerPoint to reveal the answers and pointing to each number)

The number 1. What time is it? 몇 시 몇 분이에요?

Ss 두 시 이십 분이에요.

(Showing the correct answer) **Well done. Follow along.** 두 시 이십 분이에요.

Ss 두 시 이십 분이에요.

Alright, how about number 3? What time is it? 몇 시 몇 분이에요?

Ss 사 시 사십오 분이에요.

사십오 분 is correct. But 사 시 is not. **Shall we try again?**

Ss 네 시 사십오 분이에요.

That's right.

(Showing the correct answer) **Repeat after me.** 네 시 사십오 분이에요.

Ss 네 시 사십오 분어에요.

잘했어요.

그리고 또 하나 더. 삼십 분은 '반'이라고 말할 수 있어요.

(판서하며) "열 시 삼십 분 = 열 시 반".

삼십 분, 반 같은 말이에요. 따라 하세요. 열 시 반이에요.

Ss 열 시 반이에요.

정말 잘했어요.

(PPT 제시)

여기 <보기>를 보세요.

<보기> 가: 몇 시에 일어나요?

나: 일곱 시 삼십 분에/반에 일어나요.

일어나다	버스를 타다	학교에 도착하다	수업이 끝나다
07:30	08:10	08:50	12:00

몇 시에 일어나요?

Ss 일곱 시 삼십 분에 일어나요.

몇 시에 버스를 타요?

Ss 여덟 시 십 분에 버스를 타요.

잘했어요. 그럼 몇 시에 학교에 도착해요?

Ss 여덟 시 오십 분에 도착해요.

좋아요. 그러면 몇 시에 수업이 끝나요?

Ss 열두 시에 수업이 끝나요.

맞아요. 정말 잘했어요. 이제 몇 시 몇 분 잘 이야기할 수 있지요?

Ss 네.

질문 있어요?

Well done. And there's one more thing to remember.

You can say thirty minutes **as** '반' (half).

(Writing "열 시 삼십 분 = 열 시 반")

Thirty minutes '삼십 분' and half '반', **both mean the same thing. Follow along.**

열 시 반이에요.

🆂🆂 열 시 반이에요.

Great!

(Pointing to the slide)

Look at the sample conversation here.

<보기> 가: 몇 시에 일어나요?

나: 일곱 시 삼십 분에/반에 일어나요.

일어나다	버스를 타다	학교에 도착하다	수업이 끝나다
07:30	08:10	08:50	12:00

몇 시에 일어나요? What time do you get up?

🆂🆂 일곱 시 삼십 분에 일어나요.

What time do you take the bus? 몇 시에 버스를 타요?

🆂🆂 여덟 시 십 분에 버스를 타요.

Well done. Then, what time do you arrive at school?

몇 시에 학교에 도착해요?

🆂🆂 여덟 시 오십 분에 도착해요.

Good. What time does the class end? 몇 시에 수업이 끝나요?

🆂🆂 열두 시에 수업이 끝나요.

That's correct! Very good job.

Now, can you tell the time **in Korean?**

이제 몇 시 몇 분 잘 이야기할 수 있지요?

🆂🆂 네.

Any questions?

8 **여러분! 우리 수업이 몇 시에 시작해요?**

Ss 아홉 시에 시작해요.

맞아요. 그리고 몇 시에 끝나요?

Ss 한 시에 수업이 끝나요.

그래요. 우리는 한 시간, 두 시간, 세 시간, 네 시간.

네 시간 동안 공부를 해요.

(PPT 제시) **여기 그림을 보세요.**

(잠을 자는 그림) 밤 11:00

(일어나는 그림) 아침 7:00

(잠을 자는 그림을 가리키며) 몇 시에 잠을 잤어요?

Ss 밤 열한 시

(일어나는 그림을 가리키며) 몇 시에 일어났어요?

Ss 아침 일곱 시

이 사람 몇 시간 동안 잠을 잤어요?

Ss 팔 시간 동안

그래요. 그런데 '팔 시간' 아니에요. '여덟 시간'이에요.

시간은 몇 시 말할 때와 똑같아요.

한 시간, 두 시간, 세 시간 **이렇게 말해요.**

('여덟 시간 동안'을 판서하고 '동안'에 동그라미 표시하며)

그래요. 여덟 시간 잤어요. 여덟 시간 동안 잤어요.

(PPT 제시)

뭐 해요?	시간
(1) 수업을 듣다	3시간
(2) 운동하다	1시간
(3) 숙제를 하다	2시간

여기 (1)번 보세요.

몇 시간 동안 수업을 들어요?

Ss 삼 시간 동안 수업을 들어요.

8 **Hey everyone, what time does our class start?**

Ss 아홉 시에 시작해요.

That's right. And what time does it finish?

Ss 한 시에 수업이 끝나요.

Okay. From 9 a.m. to 1 p.m., that's 4 hours.

We study for four hours. 한 시간, 두 시간, 세 시간, 네 시간.

네 시간 동안 공부를 해요.

'동안' means 'during' or 'for' in Korean.

(Presenting the pictures on the slide) **Look at the pictures here.**

(A picture of someone sleeping) 밤 11:00

(A picture of someone waking up) 아침 7:00

(Pointing to the picture of someone sleeping)

What time does he go to sleep? 몇 시에 잠을 잤어요?

Ss 밤 열한 시

(Pointing to the picture of someone waking up)

What time does he wake up? 몇 시에 일어났어요?

Ss 아침 일곱 시

For how many hours did he sleep? 몇 시간 동안 잠을 잤어요?

Ss 팔 시간 동안

Okay. But it's not '팔 시간'. **It's** '여덟 시간'.

Talking about hours is the same as telling the time.

한 시간, 두 시간, 세 시간, **that's how you say** hours.

(Pointing and circling '여덟 시간 동안' as an example)

Slept for eight hours straight. 여덟 시간 동안 잤어요.

(Presenting a table on the slide)

뭐 해요?	시간
(1) 수업을 듣다	3시간
(2) 운동하다	1시간
(3) 숙제를 하다	2시간

Look at number (1) here.

How many hours do you attend classes? 몇 시간 동안 수업을 들어요?

Ss 삼 시간 동안 수업을 들어요.

좋아요. 그런데 삼 시간이 아니에요. 세 시간이에요.

(3시간 = 세 시간, 판서하며)

(PPT로 완성된 문장을 제시하며) **(1)번 이렇게 말해요.**

세 시간 동안 수업을 들어요. **따라 하세요.**

🆂🆂 세 시간 동안 수업을 들어요.

아주 좋아요.

이제 다음 (2)번 보세요. 몇 시간 동안 운동해요?

🆂🆂 한 시간 동안 운동해요.

맞아요. 잘했어요.

따라 하세요. (PPT를 제시하며)

한 시간 동안 운동해요.

🆂🆂 한 시간 동안 운동해요.

그럼 (3)번 여러분이 해 보세요.

🆂🆂 두 시간 동안 숙제를 해요.

정말 잘했어요.

이제 '동안' 말할 수 있어요?

🆂🆂 네.

질문 있어요? 질문하세요.

Good. But it's not 삼 시간. **It's** 세 시간.

(Writing "3 hours = 세 시간" on the board)

(Showing completed sentences) **So, you can say it like this for number (1).**

세 시간 동안 수업을 들어요. **Follow along.**

Ss 세 시간 동안 수업을 들어요.

Great. Now, look at number (2).

How many hours do you work out? 몇 시간 동안 운동해요?

Ss 한 시간 동안 운동해요.

That's right. Excellent job. Repeat after me. 따라 하세요.

(Showing the examples on the slide)

한 시간 동안 운동해요.

Ss 한 시간 동안 운동해요.

Now it's your turn. Do number (3) by yourself.

Ss 두 시간 동안 숙제를 해요.

That's really good.

Now, can you talk about how long you do something **using** '동안'?

Ss 네.

Any questions? Ask your questions.

9 '-아서/어서/여서'는 '이유'를 말할 때 써요.

여러분, '이유' 알아요?

🆂🆂 아니요, 몰라요.

내가 선물을 받았어요. 그래서 내가 기뻐요. 왜 기뻐요?

🆂🆂 선물 받았어요.

맞아요. ('선물을 받았다. 기쁘다.'를 판서한 후 '선물을 받았다'에 밑줄을 긋고 그 아래에 '이유'라고 쓴다.)

선물을 받아서 기뻐요. '이유' **알겠어요?**

🆂🆂 네.

(PPT 제시) **여기 보세요.**

일어나다 : 일어나 + **아서** → 일어나서 자 다 : 자 + **아서** → 자서	막히다 : 막히 + **어서** → 막히어서 → 막혀서 놓치다 : 놓치 + **어서** → 놓치어서 → 놓쳐서
오다 : 오 + **아서** → 와서 보다 : 보 + **아서** → 봐서 아프다 : 아프 + **아서** → 아파서 고프다 : 고프 + **아서** → 고파서	하다 : 하 + **여서** → 하여서 → 해서 피곤하다 : 피곤하 + **여서** → 피곤하여서 → 　　　　　　　　　　　　　피곤해서

'-아서/어서/여서' **앞에는 동사, 형용사 와요.**

('일어나다, 자다'의 'ㅏ', '오다, 보다'의 'ㅗ'를 가리키며)

'ㅏ', 'ㅗ'로 끝날 때 ('아서'를 동그라미 치며) **'-아서'가 와요.**

일어나다, 일어나서. 자다, 자서. 오다, 와서. 보다, 봐서.

('막히다, 놓치다'를 가리키며)

'ㅏ', 'ㅗ'가 아니에요. 그래서 '-어서'가 와요.

막히다, 막혀서. 놓치다, 놓쳐서.

9 We use '-아서/어서/여서' to explain '이유'.

Do you know what '이유' means?

🅢🅢 아니요, 몰라요.

I received a gift, so I'm happy. 내가 선물을 받았어요. 그래서 내가 기뻐요.

Why am I happy? 왜 기뻐요?

🅢🅢 선물 받았어요.

That's right. (After writing "선물을 받았다. 기쁘다.", underline "선물을 받았다". And write '이유' below it.)

I'm happy because I received a gift. 선물을 받아서 기뻐요.

Now do you know the meaning of '이유'?

🅢🅢 네.

Okay. '이유' means reasons in Korean.

(Presenting the slide) **Here, take a look.**

일어나다 : 일어나 + **아서** → 일어나서 자 다 : 자 + **아서** → 자서	막히다 : 막히 + **어서** → 막히어서 → 막혀서 놓치다 : 놓치 + **어서** → 놓치어서 → 놓쳐서
오다 : 오 + **아서** → 와서 보다 : 보 + **아서** → 봐서 아프다 : 아프 + **아서** → 아파서 고프다 : 고프 + **아서** → 고파서	하다 : 하 + **여서** → 하여서 → 해서 피곤하다 : 피곤하 + **여서** → 피곤하여서 → 　　　　　　피곤해서

Verbs and adjectives are conjugated with '-아서/어서/여서'.

(Pointing to 'ㅏ' in '일어나다, 자다' and 'ㅗ' in '오다, 보다')

When a verb or an adjective stem ends with 'ㅏ' or 'ㅗ' (circling '아서'), **we use '-아서'.**

For example:

일어나다, 일어나서. / 자다, 자서. / 오다, 와서. / 보다, 봐서.

(Pointing to 막히다 and 놓치다)

However, with words like 막히다 and 놓치다, which **don't end with 'ㅏ' or 'ㅗ', we use '어서'.**

막히다, 막혀서. 놓치다, 놓쳐서.

그런데 '아프다', '고프다'는 어때요? 'ㅡ'로 끝나요. 우리 배웠지요?

('아프다, 고프다'의 'ㅡ'를 가리키며)

Ss 아파서, 고파서.

맞아요. 아파서, 고파서.

잘했어요.

('하다, 피곤하다'의 '하다'를 가리키며)

그리고 '하다'의 '하-' 뒤에는 ('여서'에 동그라미 치며)

'-여서'가 와요. 하다, 하여서, (엄지와 검지의 간격을 줄이며) **해서.**

피곤하다, 피곤하여서, (엄지와 검지의 간격을 줄이며) 피곤해서.

'ㅏ, ㅗ', '하다' 말고 'ㅓ, ㅣ, ㅜ, ㅡ,……' 모두 '-어서'를 써요.

하지만, '아프다, 고프다'는 '아파서, 고파서'예요.

알겠어요?

Ss 네.

그리고 또 아주 중요한 거 있어요.

('-았/었/였', '-겠'을 판서하고 크게 X표 하며)

'-아서/어서/여서' 앞에 '-았/었/였' 올 수 없어요.

그리고 '-겠'도 올 수 없어요.

그래서 과거, 미래 모두 '-아서/어서/여서'만 말해요.

알겠어요?

Ss 네.

(PPT를 가리키며)

자다, 자서. 일어나다, 일어나서. 막히다, 막혀서…….

질문 있어요? 질문하세요.

How about 아프다 and 고프다? **They end with '—'.**
We've already learned the '—' **irregulars, haven't we?**
(Pointing to 아파서 and 고파서)

Ss 아파서, 고파서

That's right! 아파서, 고파서.
Well done.
(Pointing to '하다' in '하다, 피곤하다')
Now, let's look at '하다'.
With its stem '하-,' (circling '여서') **we use '-여서'.**
하다, 하여서. (Shortening the distance between a thumb and an index finger)
And its shortened form is 해서.
피곤하다, 피곤하여서. (Shortening the distance between a thumb and an index finger)
And its shortened form is 피곤해서.
We use '-어서' for all stems except those ending in 'ㅏ, ㅗ,' and '하다'.
Also, there are some exceptions like 아프다 and 고프다.
We say 아파서 and 고파서. Got it?

Ss 네.

And there's one more important thing.
(Writing '았/었/였' and '겠', and crossing them out with a big X mark)
'-았/었/였' cannot come before '-아서/어서/여서'.
And '-겠' cannot be used either.
So we only use '-아서/어서/여서' **for both past and future tense. Do you understand?**

Ss 네.

(Pointing to the slide)
자다, 자서. 일어나다, 일어나서. 막히다, 막혀서……
Do you have any questions? Feel free to ask.

10 여러분은 어떤 날씨를 좋아해요?

Ss (머뭇거리며) 몰라요.

괜찮아요. 오늘 공부할 거예요. 우리 열심히 공부해요.

여기 그림을 보세요.

(날씨 그림과 표현을 함께 PPT로 제시하며 연습)

(날씨가) 맑다	(날씨가) 흐리다	(날씨가) 따뜻하다	(날씨가) 덥다
(날씨가) 춥다	날씨가 좋다	날씨가 안 좋다	비가 오다 눈이 오다
바람이 불다	시원하다		

덥다: 덥 + 어요 (ㅂ → **우**)	→ 더우어요 → 더워요
춥다: 춥 + 어요 (ㅂ → **우**)	→ 추우어요 → 추워요
맵다: 맵 + 어요 (ㅂ → **우**)	→ 매우어요 → 매워요
쉽다: 쉽 + 어요 (ㅂ → **우**)	→ 쉬우어요 → 쉬워요
어렵다: 어렵 + 어요 (ㅂ → **우**)	→ 어려우어요 → 어려워요
고맙다: 고맙 + 어요 (ㅂ → **우**)	→ 고마우어요 → 고마워요

(ㅂ 불규칙 설명)

('덥다'의 '덥'을 가리키며) 여러분, 여기 보세요.

'덥'에 어떤 받침이 있어요?

Ss ㅂ 받침 있어요.

그래요. 그런데 이 ㅂ받침이 뒤에 '-어요'가 오면 ㅂ이 '우'가 돼요.

그래서 '더우어요'. 빨리 말해요.

(엄지와 검지손가락을 붙이며) '더워요'라고 해요.

따라 하세요. 더워요.

Ss 더워요.

그럼 '춥다'는 어때요? '춥'에 ㅂ 받침 있어요.

그래서 '덥다'와 같아요.

'춥' 뒤에 '-어요' 있어요. 어떻게 말해요?

Ss 추워요.

와! 여러분 정말 잘했어요.

10 What kind of weather do you like? 어떤 날씨 좋아해요?

Ss (Students hesitate to respond.) 몰라요.

It's okay. Today, we'll learn about it.

Let's study hard. Look at these pictures here.

(Practice with the weather pictures and expressions presented in the slides.)

(날씨가) 맑다	(날씨가) 흐리다	(날씨가) 따뜻하다	(날씨가) 덥다	
(날씨가) 춥다	날씨가 좋다	날씨가 안 좋다	비가 오다	눈이 오다
바람이 불다	시원하다			

덥다: 덥 + 어요 (ㅂ → **우**)   → 더우어요 → 더워요

춥다: 춥 + 어요 (ㅂ → **우**)   → 추우어요 → 추워요

맵다: 맵 + 어요 (ㅂ → **우**)   → 매우어요 → 매워요

쉽다: 쉽 + 어요 (ㅂ → **우**)   → 쉬우어요 → 쉬워요

어렵다: 어렵 + 어요 (ㅂ → **우**) → 어려우어요 → 어려워요

고맙다: 고맙 + 어요 (ㅂ → **우**) → 고마우어요 → 고마워요

(Explaining the ㅂ irregulars)

(Pointing to 'ㅂ' in 덥다) Please look here. When the final consonant 'ㅂ' is followed by '-어요,' the 'ㅂ' consonant change to the vowel '우.'

So, 덥어요 becomes 더우어요.

But we say it in a contracted form like 더워요.

Repeat after me. 더워요.

Ss 더워요.

How about 춥다? It also has a 'ㅂ' consonant at the end.

So, it's similar to 덥다.

If '춥' is followed by '-어요', how do we say it?

Ss 추워요.

Wow! You all did really well!

ㅂ받침 있는 말 또 있어요.

맵다. '맵' 뒤에 '-어요' 와요. **어떻게 말해요?**

Ss 매워요.

잘했어요. 그리고 다음!

'쉽다, 어렵다' 뒤에 '-어요' 와요. **어떻게 말해요?**

Ss 쉬워요, 어려워요.

좋아요. **그럼 '고맙다'는?**

Ss 고마워요.

맞아요. 정말 잘했어요.

그런데 여러분, '돕다'는 달라요.

('돕다'를 판서하며) '돕다'는 ㅂ받침이 '오'가 돼요. 그리고 뒤에 '-아요'가 와요.

('도오아요 → 도와요'를 판서하며) 그래서 '도와요'. 이렇게 말해요. 기억하세요.

Ss 네.

There are more words with final consonant '너'.

맵다. When '맵' is followed by '-어요', **how do we say it?**

Ss 매워요.

Well done. Let's try some more.

When 쉽다 or 어렵다 is followed by '-어요', **how do we say it?**

Ss 쉬워요, 어려워요.

Great! **What about** '고맙다'**?**

Ss 고마워요.

By the way, 돕다 changes differently. (Writing 돕다 on the board) '너' in 돕다 changes to '오'. Then '-아요' is added.

(Writing '도오아요 → 도와요' on the board) So we say it as 도와요. Please remember this.

Ss 네.

03 연습편

연습은 제시단계에서 학습한 내용을 학습자가 내재화해서 능숙하게 사용할 수 있도록 하는 단계이다.

연습단계 | 목표 문형의 기계적 연습, 단순 연습

✎ 한국어로 가르치기

1 **(그림 카드를 넘기며) 이것은 무엇이에요?**

Ss 책이에요.

맞아요. 책이에요. 이것은 뭐예요?

Ss 연필이에요.

네. 이것은 연필이에요. 이건 뭐예요?

Ss 지우개예요.

네. 이것은 지우개예요. 이건 뭐예요?

Ss 의자예요.

맞아요. 이것은 의자예요. 이건요?

Ss 가방이에요.

네. 이것은 가방이에요. 잘했어요.

그림을 보고 옆 친구와 이야기해 보세요.

(1) (컴퓨터 그림)	가: 이것은 뭐예요? 나: _____.
(2) (가방 그림)	가: 이것은 뭐예요? 나: _____.
(3) (책상 그림)	가: 이것은 뭐예요? 나: _____.

다 했어요? 1번 누가 해 볼까요?
(손 든 학생을 가리키며) 네, 해 보세요.

S1 이것은 뭐예요?

S2 컴뷰터예요.

✏️ 영어로 가르치기

1 (Flipping sight word cards) **What's this?** 이것은 무엇이에요?

Ss 책이에요.

That's right. 책이에요. **What's this?** 이것은 뭐예요?

Ss 연필이에요.

Yes. 이것은 연필이에요. **What's this?** 이건 뭐예요?

Ss 지우개예요.

Good. 이것은 지우개예요. **What's this?** 이건 뭐예요?

Ss 의자예요.

That's right. 이것은 의자예요. **What about this?** 이건요?

Ss 가방이에요.

Good. 이것은 가방이에요. **Well done!**

Look at the picture and talk with the person next to you.

(1) (컴퓨터 그림)	가: 이것은 뭐예요? 나: _____.
(2) (가방 그림)	가: 이것은 뭐예요? 나: _____.
(3) (책상 그림)	가: 이것은 뭐예요? 나: _____.

Finished? Who wants to try number (1)?

(Pointing to a student raising a hand) **Yes, go ahead.**

S1 이것은 뭐예요?

S2 컴퓨터예요.

잘했어요. 그런데 발음 연습 조금 더 해 볼까요?

('컴퓨터' 판서하며) **따라 하세요.** 컴퓨터

Ss 컴퓨터

('ㅋ, ㅍ, ㅌ'을 동그라미 치며) ㅋ, ㅍ, ㅌ은 **바람이 많이 나가요.**

(손동작으로 입에서 공기가 나가는 것을 묘사하며)

따라 하세요. 컴퓨터

Ss 컴퓨터

잘했어요.

2번 누가 하고 싶어요?

(손 든 학생을 가리키며) **네, 해 보세요.**

S3 이것은 뭐예요?

S4 가방이에요.

정말 잘했어요.

3번은 누가 할까요? (손 든 학생을 가리키며) **네, 해 보세요.**

S5 이것은 뭐예요?

S6 책상이에요.

(엄지손가락을 치켜들며) **잘했어요.**

Great job. But shall we practice pronunciation a bit more?

(Writing '컴퓨터') **Follow along.** 컴퓨터.

Ss 컴퓨터

(Pointing to 'ㅋ, ㅍ, ㅌ') **When pronouncing** ㅋ, ㅍ, ㅌ, **lots of air comes out of the mouth.**

(Describing with hand gestures air coming out of the mouth) **Follow along.** 컴퓨터.

Ss 컴퓨터

Well done.

Who wants to try the second one?

(Pointing to a student raising a hand) **Yes, give it a try.**

S3 이것은 뭐예요?

S4 가방이에요.

You did really well.

Shall we have someone do the third one?

(Pointing to the raised hand) **Yes, go ahead.**

S5 이것은 뭐예요?

S6 책상이에요.

(Giving a thumbs-up) **Great job.**

2 (동사 카드를 넘기며) '-았/었/였' 과거형으로 이야기해 봐요.

가다	Ss 갔어요	만나다	Ss 만났어요	입다	Ss 입었어요
놀다	Ss 놀았어요	좋아하다	Ss 좋아했어요	오다	Ss 왔어요
마시다	Ss 마시었어요 / 마셨어요				

정말 잘했어요. 이제 연습문제를 풀어 봅시다.
(학생들을 가리키며) **두 명 짝, 두 명 짝이에요.**
짝과 함께 질문하고 대답해 봐요. 시간은 1분. 시작하세요.

(1) 가: 어제 뭐 했어요?
　　나: 친구와 도서관에 (　　　　　)
(2) 가: 방학 때 뭐 했어요?
　　나: 책을 (　　　　　)
(3) 가: 주말에 뭐 했어요?
　　나: 피아노를 (　　　　　)

같이 해 볼까요? 누가 해요? 일매 씨, 진등 씨 해 보세요.
S1 어제 뭐 했어요?
S2 친구와 도서관에 갔어요.
잘했어요.

2번 누가할까요? (손 든 학생을 가리키며) **해 보세요.**
S3 어제 뭐 했어요?
S4 책을 일었어요.
잘했어요.
('읽었어요'를 판서하며) 읽었어요 (받침ㄱ을 뒤로 보내며) 읽었어요.
따라 하세요. 읽었어요.
Ss 읽었어요.
다시 한 번, 읽었어요.
Ss 읽었어요.
잘했어요.

2 (Flipping verb cards) **Let's change the verbs to the past tense using '-았/었/였'.**

가다	Ss	갔어요	만나다	Ss	만났어요	입다	Ss	입었어요
놀다	Ss	놀았어요	좋아하다	Ss	좋아했어요	오다	Ss	왔어요
마시다	Ss	마시었어요 / 마셨어요						

Great job! Now, let's try some practice exercises.

(Pointing to the students) **Pair up with a partner.**

Ask and answer questions with your partner. You have one minute. Start!

(1) 가: 어제 뭐 했어요?

　　나: 친구와 도서관에 (　　　　　)

(2) 가: 방학 때 뭐 했어요?

　　나: 책을 (　　　　　)

(3) 가: 주말에 뭐 했어요?

　　나: 피아노를 (　　　　　)

Shall we try it together? Who wants to go first?

Ilmae and Jindung, **please give it a try.**

S1 어제 뭐 했어요?

S2 친구와 도서관에 갔어요.

Well done!

Who will do the second one? (Pointing to a raised hand) **Go ahead.**

S3 어제 뭐 했어요?

S4 책을 일었어요.

Well done.

(Writing '읽었어요' and circling the final consonant 'ㄱ')

The sound of 'ㄱ' moves to the next syllable. 읽었어요.

Follow along. 읽었어요.

Ss 읽었어요.

Let's try once more. 읽었어요.

Ss 읽었어요.

Good job.

3번 누가 해요? (손 든 학생을 가리키며) **해 봐요.**

S5 주말에 뭐 했어요?

S6 피아노를 치었어요.

잘했어요.

('치었어요'를 판서한 후 '치었'을 동그라미 치며)

빨리 읽어요. 쳤어요. 따라 하세요. 쳤어요.

Ss 쳤어요.

좋아요. 정말 잘했어요.

Who will do the third one?

(Pointing to a raised hand) **Give it a try.**

(S5) 주말에 뭐 했어요?

(S6) 피아노를 치었어요.

Well done. (Wrting '치었어요' and circling '치었')

Read it quickly: 쳤어요.

Repeat after me: 쳤어요.

(Ss) 쳤어요.

Great! You did really well.

3 (동사 카드를 넘기며) '-(으)ㄹ 거예요'로 말해 보세요.

가다	Ss 갈 거예요		만나다 Ss 만날 거예요	
입다	Ss 입을 거예요		놀다 Ss 놀 거예요	
먹다	Ss 먹을 거예요		마시다 Ss 마실 거예요	
만들다	Ss 만들 거예요			

이제 친구와 연습문제를 풀어 봅시다. 두 명 짝, 두 명 짝이에요.
짝과 함께 질문하고 대답해 봐요.

(1) 이번 주말에 뭐 할 거예요? (테니스 치는 그림)
(2) 내일 뭘 할 거예요?   (책을 읽는 그림)
(3) 다음 주말에 뭐 할 거예요? (친구와 노는 그림)

발표해 볼까요? 누가 해요? 태미 씨, 린 씨 해 보세요.

S1 이번 주말에 뭐 할 거예요?

S2 떼니스를 칠 거예요

잘했어요. ('테니스' 판서하며) **따라 하세요.** 테니스

Ss 테니스

테(입에서 바람이 나가는 시늉을 하며) **바람이 나가요.**

따라 하세요. 테.

Ss 테

(학생들 개인별로 시켜 보며) 테니스.

S1 테니스, S2 테니스, ……

잘했어요.

다음 2번 누가할까요? (손 든 학생을 가리키며) **해 보세요.**

S3 내일 뭘 할 거예요?

S4 책을 읽을 거예요.

잘했어요.

3 (Flipping verb cards)

Let's change the verbs to the future tense using '-(으)ㄹ 거예요.

가다	Ss 갈 거예요	만나다	Ss 만날 거예요
입다	Ss 입을 거예요	놀다	Ss 놀 거예요
먹다	Ss 먹을 거예요	마시다	Ss 마실 거예요
만들다	Ss 만들 거예요		

Now let's try solving exercises with a partner.

Pair up with someone next to you.

Ask and answer questions with your partner.

(1) 이번 주말에 뭐 할 거예요? (테니스 치는 그림)

(2) 내일 뭐 할 거예요?　　　(책을 읽는 그림)

(3) 다음 주말에 뭐 할 거예요? (친구와 노는 그림)

Who would like to present?

Tammy, Lynn, **why don't you give it a try?**

S1 이번 주말에 뭐 할 거예요?

S2 테니스를 칠 거예요

Well done. (Writing '테니스') **Follow along.** 테니스

Ss 테니스

테 (Describing air coming out of the mouth with hand gestures) **Air comes out of the mouth.**

Repeat: 테.

Ss 테

(Instructing each student individually) 테니스.

S1 테니스, S2 테니스, …….

Great job!

Who wants to do the next one?

(Pointing to a raised hand) **Give it a try.**

S3 내일 뭘 할 거예요?

S4 책을 읽을 거예요.

Well done.

3번 누가 해요? (손 든 학생을 가리키며) **네, 해 봐요.**

Ⓢⓢ 다음 주말에 뭐 할 거예요?

Ⓢⓢ 친구와 놀을 거예요.

('놀다' 판서하며) 놀다 ㄹ **있어요 그럼 어떻게 해요?**

Ⓢⓢ 놀 거예요

정말 잘했어요.

Who would like to do number three?

(Pointing to a raised hand) **Yes, give it a try.**

S5 다음 주말에 뭐 할 거예요?

S6 친구와 놀을 거예요.

(Writing '놀다') **There is the final consonant 'ㄹ'.**

Do you remember the ㄹ irregular? **So, how should we say it?**

Ss 놀 거예요

You did a great job.

4 **같이 연습해 봐요.**
(동사 카드를 넘기며) '-는 것을 좋아해요'로 말해 보세요.

만나다	Ss 만나는 것을 좋아해요		입다	Ss 입는 것을 좋아해요
놀다	Ss 노는 것을 좋아해요		마시다	Ss 마시는 것을 좋아해요
먹다	Ss 먹는 것을 좋아해요		만들다	Ss 만드는 것을 좋아해요

잘했어요.
친구와 연습문제를 풀어 봅시다. 두 명 짝, 두 명 짝이에요.
짝과 함께 질문하고 대답해 봐요. 시간은 1분. 시작하세요.

(1) 책을 읽는 것을 좋아해요?　　　네, (　　　　).
(2) 그림 그리는 것을 좋아해요?　　아니요, (　　　　).
(3) 친구들과 노는 것을 좋아해요?　네, (　　　　).

발표해 볼까요? (손 든 학생을 가리키며) **해 보세요.**
S1 책을 읽는 것을 좋아해요?
S2 네, 책을 읽는 것을 좋아해요.
잘했어요.

2번 누가 해요? (손 든 학생을 가리키며) **해 봐요.**
S3 그림 그리는 것을 좋아해요?
S4 아니요, 그림 그리는 것을 좋아해요.
아니요. (고개를 흔들며) **안 좋아해요. 따라 하세요.**
아니요, 그림 그리는 것을 안 좋아해요.
Ss 아니요, 그림 그리는 것을 안 좋아해요.

다음 3번 누가 해요? (손 든 학생을 가리키며) **해 보세요.**
S5 친구들과 노는 것을 좋아해요?
S6 네, 친구들과 노는 것을 좋아해요.
정말 잘했어요.

4 **Let's practice together.**

(Flipping verb cards) **Let's change the verbs to use '-는 것을 좋아해요'.**

만나다 Ss 만나는 것을 좋아해요	입다 Ss 입는 것을 좋아해요
놀다 Ss 노는 것을 좋아해요	마시다 Ss 마시는 것을 좋아해요
먹다 Ss 먹는 것을 좋아해요	만들다 Ss 만드는 것을 좋아해요

Good job.

Now, let's move on to the practice questions.

Pair up in groups of two.

Ask and answer questions with your partner.

You have one minute. Let's get started!

(1) 책을 읽는 것을 좋아해요?   네, (   ).
(2) 그림 그리는 것을 좋아해요?   아니요, (   ).
(3) 친구들과 노는 것을 좋아해요?   네, (   ).

Would you like to present?

(Pointing to the student raising their hand) **Give it a try.**

S1 책을 읽는 것을 좋아해요?

S2 네, 책을 읽는 것을 좋아해요.

Well done.

Who wants to do the second one?

(Pointing to another raised hand) **Okay, go ahead.**

S3 그림 그리는 것을 좋아해요?

S4 아니요, 그림 그리는 것을 좋아해요.

아니요. (Shaking head) 안 좋아해요. **Follow along.**

아니요, 그림 그리는 것을 안 좋아해요.

Ss 아니요, 그림 그리는 것을 안 좋아해요.

Who will do the next one, number three?

(Pointing to another raised hand) **Give it a try.**

S5 친구들과 노는 것을 좋아해요?

S6 네, 친구들과 노는 것을 좋아해요.

You did really well.

5 같이 연습해 봐요.

(동사 카드를 넘기며) '-고 싶어요'로 대답해 보세요.

만나다 Ss 만나고 싶어요	입다 Ss 입고 싶어요
놀다 Ss 놀고 싶어요	먹다 Ss 먹고 싶어요
마시다 Ss 마시고 싶어요	만들다 Ss 만들고 싶어요

잘했어요.

친구와 다음 문제를 풀어 봐요. 두 명 짝, 두 명 짝이에요.
짝과 함께 질문하고 대답해요. 시간은 1분. 시작하세요.

어디에 가고 싶어요?　　(　　　　　).
언제 가고 싶어요?　　　(　　　　　).
무엇을 하고 싶어요?　　(　　　　　).

발표해 볼까요? 누가 해요? (손 든 학생을 가리키며) **해 보세요.**

S1 어디에 가고 싶어요?
S2 해운대에 가고 싶어요.
S1 언제 가고 싶어요?
S2 주말에 가고 싶어요.
S1 무엇을 하고 싶어요?
S2 바다를 보고 싶어요.
정말 잘했어요.

린 씨, 미키 씨는 **어디에 가고 싶어해요?**
S3 미키 씨는 해운대에 가고 싶어해요.
이동 씨, 미키 씨는 **언제** 해운대에 **가고 싶어해요?**
S4 주말에 해운대에 가고 싶어해요.
율리아 씨, 미키 씨는 해운대에서 **무엇을 하고 싶어해요?**
S5 미키 씨는 해운대에서 바다를 보고 싶어해요.
정말 잘했어요.

5 **Let's practice together.** (Flipping verb cards)
Let's change the verbs to use '-고 싶어요'.

만나다 Ss 만나고 싶어요		입다 Ss 입고 싶어요	
놀다 Ss 놀고 싶어요		먹다 Ss 먹고 싶어요	
마시다 Ss 마시고 싶어요		만들다 Ss 만들고 싶어요	

Good job.

Now, let's move on to the practice questions. Pair up in groups of two.
Ask and answer questions with your partner.
You have one minute. Let's get started!

어디에 가고 싶어요?　　(　　　　).
언제 가고 싶어요?　　(　　　　).
무엇을 하고 싶어요?　　(　　　　).

Who would like to present?
(Pointing to the student raising their hand) **Give it a try.**

S1 어디에 가고 싶어요?
S2 해운대에 가고 싶어요.
S1 언제 가고 싶어요?
S2 주말에 가고 싶어요.
S1 무엇을 하고 싶어요?
S2 바다를 보고 싶어요.
Great job!

Lynn, **where does** Miki **want to go?** 미키 씨는 어디에 가고 싶어해요?
S3 미키 씨는 해운대에 가고 싶어해요.
Idong, **when does** Miki **want to go to** Haeundae?
미키 씨는 언제 해운대에 가고 싶어해요?
S4 주말에 해운대에 가고 싶어해요.
Julia, **what does** Miki **want to do** at Haeundae?
미키 씨는 해운대에서 무엇을 하고 싶어해요?
S5 미키 씨는 해운대에서 바다를 보고 싶어해요.
You all did very well!

6 같이 연습해 봐요.

– (교통수단 카드를 넘기며) '-(으)로 갈아타요'로 말해 보세요.

택시 Ss 택시로 갈아타요.   지하철 Ss 지하철로 갈아타요.

4호선 Ss 4호선으로 갈아타요.   배 Ss 배로 갈아타요.

잘했어요. 이제 연습문제를 해 봅시다.

두 명 짝, 두 명 짝이에요.

(1) 제주도에 어떻게 가요?

서울역	⇨ (지하철)	김포공항	⇨ (비행기)	제주도

서울역에서 김포공항까지 지하철을 타고 가세요.

김포공항에서 _____.

(2) 설악산에 어떻게 가요?

여기	⇨ (버스)	시외버스 터미널	⇨ (시외버스)	설악산

(3) 인사동에 어떻게 가요?

대전	⇨ (기차)	서울역	⇨ (지하철)	인사동

같이 해 볼까요? 1번? (손 든 학생을 가리키며) 네, 해 보세요.

S1 제주도에 어떻게 가요?

S2 서울역에서 김포공항까지 지하철을 타고 가세요.

   김포공항에서 비행기로 갈아타세요.

6 **Let's practice together.**

(Flipping transportation cards)

Try saying the sentences using '-(으)로 갈아타요'.

택시 Ss 택시로 갈아타요.   지하철 Ss 지하철로 갈아타요.

4호선 Ss 4호선으로 갈아타요.   배 Ss 배로 갈아타요.

Great job! Now, let's move on to some practice questions.

Pair up in groups of two.

(1) 제주도에 어떻게 가요?

서울역	⇨ (지하철)	김포공항	⇨ (비행기)	제주도

서울역에서 김포공항까지 지하철을 타고 가세요.

김포공항에서 _____.

(2) 설악산에 어떻게 가요?

여기	⇨ (버스)	시외버스 터미널	⇨ (시외버스)	설악산

_____.

(3) 인사동에 어떻게 가요?

대전	⇨ (기차)	서울역	⇨ (지하철)	인사동

_____.

Would would try number 1?

(Pointing to the students raising their hand)

Yes, please give it a try.

S1 제주도에 어떻게 가요?

S2 서울역에서 김포공항까지 지하철을 타고 가세요.

     김포공항에서 비행기로 갈아타세요.

잘했어요. 2번? (손 든 학생을 가리키며) **흐엉 씨 해 보세요.**

S3 설악산에 어떻게 가요?

S4 여기에서 시외버스 터미널까지 버스를 타고 가세요.

시외버스 터미널에서 시외버스로 갈아타세요.

정말 잘했어요. 3번? (손 든 학생을 가리키며) **해 보세요.**

S5 인사동에 어떻게 가요?

S6 대전에서 서울역까지 기차를 타고 가세요.

서울역에서 지하철로 갈아타세요.

지하철 'ㄹ' 받침 있어요. 어떻게 해요?

S6 지하철로 갈아타세요.

네, 정말 잘했어요.

Good job. What about number 2?

(Pointing to the students raising their hand) **Go ahead.**

§3 설악산에 어떻게 가요?

§4 여기에서 시외버스 터미널까지 버스를 타고 가세요.

시외버스 터미널에서 시외버스로 갈아타세요.

Great job. Number 3?

(Pointing to the students raising their hand) **Give it a try.**

§5 인사동에 어떻게 가요?

§6 대전에서 서울역까지 기차를 타고 가세요.

서울역에서 지하철으로 갈아타세요.

There's a final consonant '2' in 지하철. How should you say it?

§6 지하철로 갈아타세요.

Yes, you did great.

7 이제 그림을 보면서 질문하고 대답하세요. 두 사람씩 연습해 보세요.
몇 시에 무엇을 해요? 물어보고 대답하세요.

<보기> (아침에 일어나는 그림과 07:30을 가리키는 시계 그림)

      가: 몇 시에 일어나요?

      나: 일곱 시 삼십 분에/반에 일어나요.

(1) (아침 식사를 하는 그림) 07:50

(2) (버스를 타는 그림) 08:10

(3) (학교에 도착하는 그림) 08:40

(2분 후)

그럼 이제 발표해 봅시다. 1번 누가 해요?

(손 든 학생을 가리키며) 네, 해 보세요.

S1 몇 시에 아침 먹어요?

S2 일곱 시 오십 분에 아침을 먹어요.

잘했어요.

2번? (손 든 학생을 가리키며) 마리아 씨, 후토 씨 해 보세요.

S3 몇 시에 버스를 타요?

S4 여덟 시 십 분에 버스를 타요.

그래요. 정말 잘했어요.

3번은 누가 해요?

(손 든 학생을 가리키며) 네, 해 보세요.

S5 몇 시에 학교 와요?

S6 여덟 시 사십 분 학교 와요.

잘했어요.

그런데 몇 시 몇 분 뒤에 '-에' 안 했어요. 우리 다시 해 볼까요?

Ss 여덟 시 사십 분에 학교 와요.

좋아요.

그런데 학교 뒤에도 '-에' 있어요. 또 우리 '도착하다' 배웠어요.

7 Now, let's ask and answer questions while looking at the pictures.
Practice in pairs. Ask and answer what you do at what time.

<보기> (아침에 일어나는 그림과 07:30을 가리키는 시계 그림)

가: 몇 시에 일어나요?

나: 일곱 시 삼십 분에/반에 일어나요.

(1) (아침 식사를 하는 그림) 07:50

(2) (버스를 타는 그림) 08:10

(3) (학교에 도착하는 그림) 08:40

(Give about 2 minutes.) **Now, let's present. Who's doing number 1?**
(Pointing to the student raising their hand) **Give it a try.**

S1 몇 시에 아침 먹어요?

S2 일곱 시 오십 분에 아침을 먹어요.

You did well.

Who wants to do number 2?
(Pointing to another student with a raised hand) **Go ahead.**

S3 몇 시에 버스를 타요?

S4 여덟 시 십 분에 버스를 타요.

Well done.

Who's doing number 3?
(Pointing to another student raising their hand)
Yes, give it a try.

S5 몇 시에 학교 와요?

S6 여덟 시 사십 분 학교 와요.

Good!
However, you missed '에' **after** '몇 시 몇 분'.
Let's try it again.

Ss 여덟 시 사십 분에 학교 와요.

Okay, but you still need to use '에' **after** '학교'.
Also, we already learned '도착하다'.

따라 하세요. 여덟 시 사십 분에 학교에 도착해요.

Ss 여덟 시 사십 분에 학교에 도착해요.

네, 맞아요. 여러분 모두 아주 잘했어요.

Repeat after me. 여덟 시 사십 분에 학교에 도착해요.

Ss 여덟 시 사십 분에 학교에 도착해요.

Yes, that's correct. Everyone did very well.

8 **여기 보세요.** 민수가 지난주 토요일에 한 일이에요.

공원	도서관	식당
자전거를 타다	공부를 하다	아르바이트를 하다
2시간	3시간	2시간 30분

공원에서 뭐 했어요? 몇 시간 동안 했어요? 누가 말해 볼까요?

(손을 든 학생을 가리키며) **네, 해 보세요.**

S1 공원에서 두 시간 동안 자전거를 탔어요.

잘했어요.

다음. 도서관에서 뭐 했어요? 누가 발표해요?

(손을 든 학생을 가리키며) **네, 이야기해 보세요.**

S2 도서관에서 세 시간 동안 공부를 했어요.

아주 잘했어요.

그럼 식당에서 무엇을 했어요? 누가 할까요?

(손을 든 학생을 가리키며) **네, 해 보세요.**

S3 식당에서 두 시간 반 아르바이트를 했어요.

잘했어요. 두 시간 삼십 분. 두 시간 반. 같아요.

그런데 한 가지 실수가 있어요.

두 시간 반 뒤에 뭐가 없어요?

Ss 동안!

맞아요. '동안' 없어요. 그럼 어떻게 말해요?

Ss 두 시간 반 동안

그래요. 잘했어요.

따라 하세요.

식당에서 두 시간 반 동안 아르바이트를 했어요.

Ss 식당에서 두 시간 반 동안 아르바이트를 했어요.

좋아요. 여러분 정말 잘하네요.

8 **Look here.** These are the things Minsu did last Saturday:

공원	도서관	식당
자전거를 타다	공부를 하다	아르바이트를 하다
2시간	3시간	2시간 30분

What did he do at the park? **For how long?**

Who wants to tell us?

(Pointing to a student raising their hand) **Yes, go ahead.**

🔵S1 공원에서 두 시간 동안 자전거를 탔어요.

Well done. Next, what did he do at 도서관?

Who wants to share?

(Pointing to another student raising their hand) **Yes, please tell us.**

🔵S2 도서관에서 세 시간 동안 공부를 했어요.

Excellent job.

Then, what did he do at 식당? **Who wants to try?**

(Pointing to a student raising their hand) **Yes, give it a shot.**

🔵S3 식당에서 두 시간 반 아르바이트를 했어요.

Very well done. 두 시간 반 **is the same as** 두 시간 삼십 분.

But there's one thing missing after '두 시간 반'. **What is it?**

🔵Ss 동안!

That's right. '동안' **is missing.** '동안' **means** 'during' **or** 'for' **in Korean. So how do**
we say it?

🔵Ss 두 시간 반 동안

That's correct. Well done.

Follow along.

식당에서 두 시간 반 동안 아르바이트를 했어요.

🔵Ss 식당에서 두 시간 반 동안 아르바이트를 했어요.

Great job, everyone.

9 같이 연습해 봐요.

(단어 카드를 넘기며) '–아서/어서/여서'로 말해 보세요.

일어나다	Ss 일어나서	막히다	Ss 막혀서
피곤하다	Ss 피곤해서	아프다	Ss 아파서

잘했어요. 이제 연습문제를 해 봅시다. 두 명 짝, 두 명 짝이에요.
3분 줄게요.

<보기> 배가 고프다.　　　이유 : 밥을 안 먹었다.

　　　　가: 왜 배가 고파요?

　　　　나: 밥을 안 먹어서 배가 고파요.

(1) 어제 결석했다.　　　이유 : 배가 아팠다.

(2) 오늘 지각했다.　　　이유 : 버스를 놓쳤다.

(3) 기분이 좋다.　　　　이유 : 시험을 잘 봤다.

같이 해 볼까요? 1번? (손 든 학생을 가리키며) 네, 해 보세요.

S1 왜 어제 결석했어요?

S2 배가 아파서 결석했어요.

잘했어요.

2번? 누가 해요?

(손 든 학생을 가리키며) 디아나 씨, 라우라 씨 해 보세요.

S3 왜 오늘 지각했어요?

S4 버스를 놓쳐서 지각했어요.

정말 잘했어요.

3번? (손 든 학생을 가리키며) 해 보세요.

S5 왜 기분이 좋아요?

S6 시험을 잘 봤어서 기분이 좋아요.

좋아요.

그런데 '–아서/어서/여서' 앞에는 '–았/었/였' 사용할 수 없어요.

그럼 시험을 잘 봤다. 어떻게 바꿀까요?

Ss 시험을 잘 봐서

네, 맞아요. 정말 잘했어요.

9 **Let's practice together.**

(Turning over the word cards) **Try saying with** '-아서/어서/여서'.

일어나다	**Ss** 일어나서	막히다	**Ss** 막혀서
피곤하다	**Ss** 피곤해서	아프다	**Ss** 아파서

Well done! Now, let's try some practice exercises.

We'll work in pairs for 3 minutes.

<보기> 배가 고프다.   이유 : 밥을 안 먹었다.

　　　　가: 왜 배가 고파요?

　　　　나: 밥을 안 먹어서 배가 고파요.

(1) 어제 결석했다.　　　　 이유 : 배가 아팠다.

(2) 오늘 지각했다.　　　　 이유 : 버스를 놓쳤다.

(3) 기분이 좋다.　　　　　 이유 : 시험을 잘 봤다.

Shall we try together? Number 1?

(Pointing to a student with a raised hand)

Yes, please give it a try.

S1 왜 어제 결석했어요?　　　**S2** 배가 아파서 결석했어요.

Great job!

Number 2? Who would like to try?

(Pointing to students with raised hands) Diana and Laura, **go ahead!**

S3 왜 오늘 지각했어요?　　　**S4** 버스를 놓쳐서 지각했어요.

Really well done!

Who's doing number 3?

(Pointing to the students raising their hands) **Okay, give it a shot.**

S5 왜 기분이 좋아요?　　　**S6** 시험을 잘 봤어서 기분이 좋아요.

Great job.

But remember! We can't use '-았/었/였' before '-아서/어서/여서'.

So, how would you say "시험을 잘 봤다" **with** '-아서/어서/여서'?

Ss 시험을 잘 봐서

Yes, exactly! You did a fantastic job!

10 이제 같이 연습해요.

(PPT 제시) **여기에** 세계 도시의 오늘 날씨가 **있어요.**

<보기>를 보세요. 두 사람씩 묻고 대답하세요. 3분 동안 하세요.

서울	(날씨가 흐린 그림)	모스크바	(기온이 크게 내려간 그림)
도쿄	(비가 오는 그림)	런던	(바람이 부는 그림)
베이징	(날씨가 맑은 그림)	카이로	(기온이 크게 올라간 그림)
하노이	(날씨가 따뜻한 그림)	헬싱키	(눈이 오는 그림)

<보기> 가: 오늘 서울 날씨가 어때요?

나: 날씨가 흐려요.

(3분 후) 여러분 모두 이야기했어요?

그럼 발표해 봅시다. 누가 하고 싶어요?

(손을 드는 학생을 가리키며) 릴리 씨, 미유 씨 **해 보세요.**

두 도시 **질문하세요.**

한 번은 질문하고 한 번은 대답하세요.

S1 오늘 런던 날씨가 어때요?

S2 바람이 불어요.

S2 오늘 베이징 날씨가 어때요?

S1 날씨가 맑아요.

잘했어요.

이제 다른 도시 날씨 이야기해요. 누가 할까요?

(손을 드는 학생을 가리키며) **네,** 라마잔 씨, 엘다나 씨 **해 보세요.**

S3 오늘 헬싱키 날씨가 어때요?

S4 날씨가 눈이 와요.

S4 오늘 카이로 날씨가 어때요?

S3 날씨가 아주 더워요.

잘하네요.

그런데 한 가지만 더 이야기할게요.

'눈이 와요. 비가 와요.' 말할 때 앞에 '날씨가' 오지 않아요.

그냥 눈이 와요. 비가 와요. 이렇게 말해요.

(추가 팀 발표 후) **여러분 모두 잘했어요.**

질문 있어요? 질문하세요.

10 Now, let's practice together.

Here are today's weather conditions in cities around the world.

Take a look at the sample conversation.

Ask and answer in pairs for 3 minutes.

서울	(날씨가 흐린 그림)	모스크바	(기온이 크게 내려간 그림)
도쿄	(비가 오는 그림)	런던	(바람이 부는 그림)
베이징	(날씨가 맑은 그림)	카이로	(기온이 크게 올라간 그림)
하노이	(날씨가 따뜻한 그림)	헬싱키	(눈이 오는 그림)

<보기> 가: 오늘 서울 날씨가 어때요?

나: 날씨가 흐려요.

Has everyone finished discussing?

Let's present then. Who would like to go first?

(Pointing to the students raising their hands)

Lily and Miyu, **could you give it a try?**

Ask questions about two cities.

One person asks and the other answers, taking turns.

⑤1 오늘 런던 날씨가 어때요? ⑤2 바람이 불어요.

⑤2 오늘 베이징 날씨가 어때요? ⑤1 날씨가 맑아요.

Well done!

Now let's discuss the weather in different cities.

Who wants to try?

(Pointing to the students raising their hands)

Yes, Ramazan and Eldana, **could you give it a try?**

⑤3 오늘 헬싱키 날씨가 어때요? ⑤4 날씨가 눈이 와요.

⑤4 오늘 카이로 날씨가 어때요? ⑤3 날씨가 아주 더워요.

Great job! Also, there's one more thing to mention.

When saying 'It's snowing' or 'It's raining', **don't use** '날씨가'. **Just say** "눈이 와요." or "비가 와요."

(After additional team presentations) **You all did great!**

Any questions? Please, ask.

04 활용편

활용은 연습 단계에서 익숙해진 문장 표현을 한 단계 발전시켜 실제 언어 상황에서
사용할 수 있도록 하는 단계이다.

활용단계 목표 문형 연계 말하기, 듣기, 쓰기 활동

✏️ 한국어로 가르치기

1 (두 명씩 팀으로 나누어 주며)

린, 미키 **짝이에요.** 그리고 진, 제임스 **짝이에요.**

교실에 무엇이 있어요? 질문하고 대답해 보세요.

질문 어떻게 해요?

이것은 뭐예요? 그것은 뭐예요? 저것은 뭐예요?

지금부터 2분 줄게요. 친구와 이야기해 보세요.

앞에 나와서 친구와 발표해 봅시다. 누가 해요?

(손 든 학생을 가리키며) 린, 미키 씨 **해 봐요.**

Ⓢ¹ 미키 씨, 이것은 뭐예요?

Ⓢ² 책이에요. 린 씨 그것은 뭐예요?

Ⓢ¹ 컴퓨터이에요. 미키 씨 저것은 뭐예요?

Ⓢ² 저것은 시계예요.

잘했어요. (다른 학생들의 박수를 유도하며) 여러분 박수

잘했는데 한 가지.

컴퓨터이에요. **맞아요?**

('컴퓨터' 판서한 후 '터'에 동그라미 치며) **받침이 있어요?**

Ⓢˢ 없어요.

✏ 영어로 가르치기

1 (Pairing up in groups of two)

Lynn and Miki, **you're a team.** Also, Jin and James, **you're a team.**

What are in the classroom? Try asking and answering questions.

How can you ask questions?

What is this? 이것은 뭐예요?

What is it? 그것은 뭐예요?

What is that over there? 저것은 뭐예요?

I'll give you two minutes.

Ask and answer with your partner.

Now, **let's come up front and present with a friend.**

Who wants to go first?

(Pointing to the students with raised hands) Lynn, Miki, **give it a try.**

ⓢ1 미키 씨, 이것은 뭐예요?

ⓢ2 책이에요. 린 씨 그것은 뭐예요?

ⓢ1 컴퓨터이에요. 미키 씨 저것은 뭐예요?

ⓢ2 저것은 시계예요.

Great job! (Encouraging applause from the other students)

Give them a big hand.

They did great. But there is one thing to note. 컴퓨터이에요. **Is this correct?**

(After writing '컴퓨터' and circling '터')

Does it have a final consonant? 받침이 있어요?

ⓢs 없어요.

그래요. 받침이 없어요. 그럼 어떻게 해요?

Ss 컴퓨터예요.

잘했어요.

다음은 누가 해요? (손을 든 학생을 보며) 해 봐요.

S3 왕호 씨, 그것은 뭐예요?

S4 가방이에요. 사라 씨 이것은 뭐예요?

S3 노트북이에요. 왕호 씨 저것은 뭐예요?

S4 책상이에요.

정말 잘했어요.

No, it has no final consonant. 받침이 없어요.

Then, how should we say it?

Ss 컴퓨터예요.

Well done! Who's next? (Looking at the students raising their hands) **Please go ahead.**

S3 왕호 씨, 그것은 뭐예요?

S4 가방이에요. 사라 씨 이것은 뭐예요?

S3 노트북이에요. 왕호 씨 저것은 뭐예요?

S4 책상이에요.

Everyone, you all did great!

2 **이제 듣기 활동을 할 거예요.**

세 명의 친구가 있어요. 친구들은 지난 주말에 무엇을 했어요?

잘 들어 보세요.

---

(1) 가: 왕핑 씨, 지난 주말에 뭐 했어요?

　　나: 백화점에 갔어요.

(영화관 그림)

(백화점 그림)

(도서관 그림)

(2) 가: 브랜든 씨 지난 주말에 뭐 했어요?

　　나: 집에서 잠을 잤어요.

(잠을 자는 그림)

(요리하는 그림)

(장 보는 그림)

(3) 가: 수잔 씨, 주말에 집에 있었어요?

　　나: 아니요. 친구와 등산했어요.

(집에서 TV 보는 그림)

(달리기하는 그림)

(등산 그림)

왕핑 씨는 **주말에 무엇을 했어요?**

Ss 백화점에 갔어요.

네. 백화점에 갔어요. **잘했어요.**

브랜든 씨는 **주말에 무엇을 했어요?**

Ss 잠을 잤어요.

맞아요. 잠을 잤어요.

수잔 씨는 **무엇을 했어요?**

S1 집에 있었어요.

S2 등산했어요.

집에 있었어요? 등산했어요? **3번 다시 들어보세요.**

정답 찾았어요? 수잔 씨는 **무엇을 했어요?**

Ss 등산했어요.

맞아요. 등산을 했어요.

잘했어요.

2 **Now, we're going to do a listening activity.**
There are three people. What did they do last weekend?
Listen carefully.

---

(1) 가: 왕핑 씨, 지난 주말에 뭐 했어요?
　　나: 백화점에 갔어요.

(2) 가: 브랜든 씨 지난 주말에 뭐 했어요?
　　나: 집에서 잠을 잤어요.

(3) 가: 수잔 씨, 주말에 집에 있었어요?
　　나: 아니요. 친구와 등산했어요.

(영화관 그림)
(백화점 그림)
(도서관 그림)

(잠을 자는 그림)
(요리하는 그림)
(장 보는 그림)

(집에서 TV 보는 그림)
(달리기하는 그림)
(등산 그림)

What did Wangping **do last weekend**?
왕핑 씨는 주말에 무엇을 했어요?
Ss 백화점에 갔어요.
That's right. 백화점에 갔어요. **Good job.**
What did Brandon **do last weekend?**
브랜든 씨는 주말에 무엇을 했어요?
Ss 잠을 잤어요.
Correct! 잠을 잤어요.
What did Susan **do last weekend?**
수잔 씨는 무엇을 했어요?
S1 집에 있었어요.
S2 등산했어요.
Did he stay home? 집에 있었어요?
Or did he go mountain hiking? 등산했어요?
Listen to number 3 again.
Have you found the answer? What did Susan **do**?
수잔 씨는 무엇을 했어요?
Ss 등산했어요.
That's right. 등산을 했어요.
Very well done!

3 **여러분은 주말에 무엇을 할 거예요? 써 보세요.**

시간은 3분 줄게요.

(3분 후)

다 썼어요?

Ss 아니요.

2분 더 줄게요. 써 보세요.

(2분 후)

이제 주말 계획을 발표해 봅시다. 누가 해요? 미미 씨 **해 보세요.**

S1 저는 주말에 친구와 해운대에 갈 거예요.

해운대에서 친구와 바다를 볼 거예요.

해운대에서 사진을 칙을 거예요.

그리고 친구와 밥을 먹을 거예요.

잘했어요. 여러분 박수

여러분 미미 씨는 **주말에 어디에 갈 거예요?**

Ss 해운대에 갈 거예요.

네, 해운대에 갈 거예요. 해운대에 가서 무엇을 할 거예요?

Ss 바다를 볼 거예요.

네, 바다를 볼 거예요. 그리고 또 무엇을 할 거예요?

Ss 사진을 칙을 거예요.

맞아요. 사진을 찍을 거예요.

('찍다' 판서하며) 따라 하세요. 찍다

Ss 찍다

잘했어요. 따라 하세요. 찍을 거예요.

Ss 찍을 거예요.

그리고 무엇을 해요?

Ss 친구와 밥을 먹을 거예요.

맞아요. 친구와 맛있는 음식을 먹을 거예요.

잘했어요.

3 **What are you going to do this weekend?**

Write about it. I'll give you three minutes.

(3 minutes later) **Are you finished?**

Ss 아니요.

I will give you 2 more minutes. Keep writing.

(2 minutes later)

Now, tell us about your plan for this weekend.

Who wants to share? Mimi, **why don't you give it a try?**

S1 저는 주말에 친구와 해운대에 갈 거예요.

해운대에서 친구와 바다를 볼 거예요.

해운대에서 사진을 칙을 거예요.

그리고 친구와 밥을 먹을 거예요.

Well done! Give them a big applause.

Everyone, where is Mimi **going this weekend?**

Ss 해운대에 갈 거예요.

Yes, she is going to Haeundae. 해운대에 갈 거예요.

Then **what is** she **going to do** in Haeundae?

해운대에 가서 무엇을 할 거예요?

Ss 바다를 볼 거예요.

That's right. 바다를 볼 거예요.

Also, what else is she **planning to do?**

또 무엇을 할 거예요?

Ss 사진을 칙을 거예요.

Exactly! 사진을 찍을 거예요. She is going to take photos.

(Writing '찍다') **Follow along.** 찍다

Ss 찍다

Good job. Repeat after me. 찍을 거예요.

Ss 찍을 거예요.

Then, what else is she planning to do?

Ss 친구와 밥을 먹을 거예요.

Yes, she is going to eat with her friend.

친구와 맛있는 음식을 먹을 거예요.

You did great!

4 네 명이 팀이에요. 친구들에게 '-는 것을 좋아해요' 사용해서 자기 취미에 대해 말해 주세요. 3분 줄게요.

친구 이름	취미

(3분 후)

다 했어요? 이 팀에서 누가 발표할까요?

(손 든 학생을 가리키며) **진등 씨 해 보세요.**

S1 밍 씨는 노래 부르는 것을 좋아해요.

　　토미 씨는 잠을 자는 것을 좋아해요.

　　미미 씨는 음식 만드는 것을 좋아해요.

　　나는 한국어 공부하는 것을 좋아해요.

(웃으며) 진등 씨는 한국어 공부하는 것을 좋아하네요.

('만들다' 판서하며) '만들는' **맞아요? ㄹ동사?**

Ss 만드는

그래요. 만드는 것을 좋아해요. 잘했어요.

다음은 어느 팀이 발표해 볼까요? (손 든 학생을 가리키며) **네.**

S2 나오코 씨는 등산하는 것을 좋아해요.

　　하이 씨는 외국어 공부하는 것을 좋아해요.

　　쭝 씨는 기타 하는 것을 좋아해요.

　　나는 맛있는 거 먹는 것을 좋아해요.

(웃음) 나도 맛있는 거 먹는 것을 좋아해요.

('기타' 그림을 그려 주며) 기타를 치다, 기타?(대답을 유도하며)

Ss 기타 치는 것을 좋아해요.

정말 잘했어요.

4 **Make a team of four.**
Talk about your hobbies using '-는 것을 좋아해요'.
I'll give you three minutes.

친구 이름	취미

(Three minutes later)

Are you all done? Who will present for this team?

(Pointing to the student raising a hand) Jindung, **give it a try.**

s1 밍 씨는 노래 부르는 것을 좋아해요.

토미 씨는 잠을 자는 것을 좋아해요.

미미 씨는 음식 만드는 것을 좋아해요.

나는 한국어 공부하는 것을 좋아해요.

(Smiling) Seems like Jindung enjoys studying Korean.

진등 씨는 한국어 공부하는 것을 좋아하네요.

(Writing '만들다') **Is the form correct?** 만들는?

Do you remember ㄹ irregular verbs?

Ss 만드는

That's right. 만드는 것을 좋아해요. **Well done.**

Which team will present next?

(Pointing to the student raising their hand) **Yes, you.**

s2 나오코 씨는 등산하는 것을 좋아해요.

하이 씨는 외국어 공부하는 것을 좋아해요.

쭝 씨는 기타 하는 것을 좋아해요.

나는 맛있는 거 먹는 것을 좋아해요.

(Smiling) I also like eating tasty food.

(Drawing a picture of a 'guitar') Playing the guitar.

기타를 치다, 기타? (Prompting for an answer)

Ss 기타 치는 것을 좋아해요.

Excellent job.

5 나중에 무슨 일을 하고 싶어요? **친구와 이야기해 보세요.**
네 명이 팀이에요. 3분 줄게요. 해 보세요.

친구 이름	직업

(3분 후)

다 했어요? 이 팀에서 누가 발표할까요?

(손 든 학생을 가리키며)

미키 씨, 친구들이 하고 싶은 일에 대해서 말해 보세요.

S1 미나 씨는 한국어 선생님이 되고 싶어해요.

소이 씨는 요리사가 되고 싶어해요.

이호 씨는 회사원이 되고 싶어해요.

나는 CEO가 되고 싶어요.

(웃으며) 미키 씨 CEO가 되고 싶군요. **다른 팀?**

(손 든 학생을 가리키며) **네, 해 보세요.**

S2 제임스 씨는 통역사가 되고 싶어해요.

왕진 씨는 선생님이 되고 싶어해요.

알렉산드라 씨는 한국 식당 사장님이 되고 싶어해요.

나는 컴퓨터 게임하는 사람이 되고 싶어요.

(웃으며) 알렉산드라 씨는 한국 식당 사장님이 되고 싶군요.

('프로게이머' 판서하며) 컴퓨터 게임하는 사람 프로게이머예요.

따라 하세요. 프로게이머

Ss 프로게이머

잘했어요. 뜨엉 씨는 무슨 일을 하고 싶어요?

S2 나는 프로게이머가 되고 싶어요.

네, 정말 잘했어요.

5 What kind of work do you want to do in the future?
Discuss with your friends. Make a team of four.
I'll give you 3 minutes. Go ahead.

친구 이름	직업

(3 minutes later)
Are you done? Who will present in this team?
(Pointing to a student raising their hand)
Miki, **please share** who your friends want to be in the future.

S1 미나 씨는 한국어 선생님이 되고 싶어해요.
소이 씨는 요리사가 되고 싶어해요.
이호 씨는 회사원이 되고 싶어해요.
나는 CEO가 되고 싶어요.

(Smiling) You want to be a CEO, huh?
미키 씨 CEO가 되고 싶군요. **Another team?**
(Pointing to another student) **Yes, go ahead.**

S2 제임스 씨는 통역사가 되고 싶어해요.
왕진 씨는 선생님이 되고 싶어해요.
알렉산드라 씨는 한국 식당 사장님이 되고 싶어해요.
나는 컴퓨터 게임하는 사람이 되고 싶어요.

(Smiling) Alexandra wants to be a Korean restaurant owner. 알렉산드라 씨는 한국
식당 사장님이 되고 싶군요.
(Writing '프로게이머') We refer to '프로게이머' as a professional gamer in Korean.
컴퓨터 게임하는 사람 프로게이머예요.
Follow along. 프로게이머

Ss 프로게이머

Well done. Ttung? **What kind of work do you want to do?** 무슨 일을 하고 싶어요?

S2 나는 프로게이머가 되고 싶어요.

Good, you did really well.

6 **여러분 어디에 가고 싶어요?**

친구에게 가고 싶은 장소를 물어보세요.

그리고 어떻게 가요? 물어봐요.

두 명이 팀이에요. 3분 줄게요. 해 보세요.

(3분 후)

다 했어요? 누가 발표해요? (손 든 학생을 가리키며) 해 보세요.

- S1 이호 씨 어디에 가고 싶어요?

- S2 경주에 가고 싶어요.

- S1 어떻게 가요?

- S2 여기서 고속버스 터미널까지 지하철을 타고 가요.
  터미널에서 버스로 갈아타요.

정말 잘했어요. 또 누가 해 볼까요? (손 든 학생을 가리키며) 네.

- S3 알렉스 씨 어디에 가고 싶어요?

- S4 고향에 가고 싶어요.

- S3 어떻게 가요?

- S4 여기서 공항까지 택시를 타고 가요.
  공항에서 비행기로 갈아타요.

오늘 여러분 정말 잘하네요.

6 **Everyone, where do you want to go?**

Ask your partner about their desired place to visit.

And ask them how they will get there.

Talk in pairs. I'll give you three minutes. Let's begin.

(Three minutes later)

Are you done? Who will present?

(Pointing to a student raising their hand) **Give it a try.**

S1 이호 씨 어디에 가고 싶어요?

S2 경주에 가고 싶어요.

S1 어떻게 가요?

S2 여기서 고속버스 터미널까지 지하철을 타고 가요.
   터미널에서 버스로 갈아타요.

Great job. Who else would try?

(Pointing another student) **Yes, go ahead.**

S3 알렉스 씨 어디에 가고 싶어요?

S4 고향에 가고 싶어요.

S3 어떻게 가요?

S4 여기서 공항까지 택시를 타고 가요.
   공항에서 비행기로 갈아타요.

You did really well today, everyone.

7 여러분은 월요일에서 금요일까지 몇 시에 무엇을 해요?
쓰세요. 그리고 두 사람씩 이야기해 보세요.
3분 줄게요. 해 보세요.

몇 시에?	무엇을 해요?

(3분 후) 다 했어요? 누가 발표할까요? (손 든 학생을 가리키며)
엘린 씨, 알렉스 씨는 몇 시에 무엇을 해요?

🔵S1 알렉스 씨는 일곱 시 반에 일어나요.
학교에 여덟 시 사십 분에 도착해요.
두 시에 점심을 먹어요. 일곱 시에 저녁 먹어요.
십이 시에 잠을 자요.

잘했어요. 엘린 씨. 그런데 십이 시 맞아요?
🔵S1 열두 시예요.
그래요. 십이 시 아니고 열두 시.

또 누가 할까요?
(손 든 학생을 보고) 네, 흐엉 씨 해 보세요.
🔵S2 미나 씨는 여덟 시에 일어나요. 아침을 먹지 않아요.
학교에 여덟 시 반에 와요. 두 시에 도서관에 가요.
한 시에 잠을 자요.

잘했어요, 흐엉 씨. 그런데 미나 씨는 늦게 잠을 자네요.
여러분 오늘 정말 잘했어요.

7 Everyone!

What do you usually do from Monday to Friday?

What time do you do that?

Please write about your daily schedule.

Also, talk in pairs. I'll give you 3 minutes. Go ahead.

몇 시에?	무엇을 해요?

(3 minutes later) **Finished? Who will present?**

(Pointing to a student raising their hand)

Ellen, could you tell us about Alex's daily schedule?

🔵S1 알렉스 씨는 일곱 시 반에 일어나요.

학교에 여덟 시 사십 분에 도착해요.

두 시에 점심을 먹어요. 일곱 시에 저녁 먹어요.

십이 시에 잠을 자요.

Well done. By the way, are you sure '십이 시' **is correct?**

🔵S1 열두 시예요.

That's right. It's not 십이 시, **but** 열두 시 **is correct.**

Who else would like to try?

(Pointing to another student) **Yes,** Hung, **go ahead.**

🔵S2 미나 씨는 여덟 시에 일어나요. 아침을 먹지 않아요.

학교에 여덟 시 반에 와요. 두 시에 도서관에 가요.

한 시에 잠을 자요.

Good job. Seems like Mina goes to bed late.

그런데 미나 씨는 늦게 잠을 자네요.

You did really well today.

8 여러분 이제 우리 이번 주 토요일 계획을 세울 거예요.
어디에서 무엇을 할 거예요? 몇 시간 동안 할 거예요?
쓰세요. 3분 줄게요.

(3분 후)

다 했어요? 누가 발표할까요?

(손 든 학생을 가리키며)

알렉스 씨, **이야기해 보세요.**

S1 집에서 두 시간 동안 청소를 할 거예요.
공원에서 한 시간 동안 산책을 할 거예요.
카페에서 두 시간 동안 친구를 만날 거예요.

정말 잘했어요. 멋진 주말 계획이에요.

(몇 명 더 발표한 후)

여러분 오늘 아주 잘했어요.

8 **Now, let's make a plan** for this Saturday.

Where are you going and what are you going to do?

How many hours will you spend? Please write about it.

I'll give you 3 minutes.

(3 minutes later)

Finished? Who wants to present?

(Pointing to a raised hand)

Alex, **would you like to share?**

S1 집에서 두 시간 동안 청소를 할 거예요.

공원에서 한 시간 동안 산책을 할 거예요.

카페에서 두 시간 동안 친구를 만날 거예요.

Well done! That sounds like a fantastic weekend plan.

(After a few more presentations)

Great job, everyone!

You did really well today.

9 이제 두 사람씩 재미있는 역할극을 해 봅시다.

여러분이 친구와 만나요. 그런데 여러분이 30분 늦게 왔어요.

그래서 친구가 화가 났어요.

친구에게 사과하세요. ('사과하다'를 판서하며)

'사과하다'는 미안해요. 죄송해요. 이야기하는 거예요.

여러분이 왜 늦게 왔어요? 이유를 말해 주세요.

그리고 왜 미안해요? 그 이유도 말해 주세요.

3분 줄게요. 해 보세요.

(3분 후) 다 했어요? 누가 발표해 볼까요?

(손 든 학생을 가리키며) 해 보세요.

S1 (혼잣말로) 테마 씨가 늦어요.

S2 (급하게 달려오며) 아 미안해요.

S1 테마 씨, 왜 늦게 왔어요?

S2 피곤해서 잠을 많이 잤어요. 늦게 와서 정말 미안해요.

아주 잘했어요.

잠을 너무 많이 잤어요.

그럴 때는 이렇게 말하면 더 좋아요.

('늦잠을 자다', '늦게 일어나다'를 판서하고)

늦잠을 잤어요. 늦게 일어났어요. **따라 하세요.**

Ss 늦잠을 잤어요. 늦게 일어났어요.

잘했어요.

또 누가 해 볼까요?

(손 든 학생을 가리키며) 네.

S3 알렉스 씨, 왜 이렇게 늦게 와요? 정말 화가 나요.

S4 버스를 놓쳐서 늦게 왔어요. 늦게 와서 죄송해요.

여러분 아주 잘하네요.

나중에 다른 사람에게 실수하면 이렇게 사과하세요.

9 **Now, let's try an interesting role-play in pairs.**

You're seeing your friend, but you arrived 30 minutes late, so your friend is upset.

Apologize to your friend.

(Writing '사과하다')

'사과하다' means 'to apologize' in Korean.

Explain why you were late and why you're sorry.

I'll give you three minutes. Give it a try.

(Three minutes later) **Finished? Who wants to present?**

(Pointing to the students raising their hand) **Go ahead.**

S1 (혼잣말로) 테마 씨가 늦어요.

S2 (급하게 달려오며) 아 미안해요.

S1 테마 씨, 왜 늦게 왔어요?

S2 피곤해서 잠을 많이 잤어요. 늦게 와서 정말 미안해요.

Excellent!

Seems like Tema slept too much. 잠을 너무 많이 잤어요.

When that happens, it's better to say it like this.

(Writing '늦잠을 자다' and '늦게 일어나다')

늦잠을 잤어요. 늦게 일어났어요. **Repeat after me.**

Ss 늦잠을 잤어요. 늦게 일어났어요.

Good job.

Who else wants to try?

(Pointing another student) **Yes, give it a shot.**

S3 알렉스 씨, 왜 이렇게 늦게 와요? 정말 화가 나요.

S4 버스를 놓쳐서 늦게 왔어요. 늦게 와서 죄송해요.

You did a great job.

Later, if you make a mistake, apologize like this.

10 여러분, 이제 두 사람씩 이야기해요.

날씨가 맑아요. **뭐 해요?**

날씨가 흐려요. **뭐 해요?** 물어보고 대답하세요.

3분 동안 이야기하세요.

날씨	뭐 해요?
날씨가 맑아요.	
날씨가 흐려요.	
비가 와요.	
눈이 와요.	
바람이 불어요.	
날씨가 더워요.	
날씨가 추워요.	

여러분, 다 했어요? 그럼 발표해 봅시다.

누가 하고 싶어요?

(손을 든 학생을 가리키며)

네, 밍밍 씨 해 보세요.

S1 날씨가 좋아요. 산책을 해요. 비가 와요. 집에서 잠을 자요.

날씨가 더워요. 샤워를 해요. 날씨가 추워요. 옷을 많이 입어요.

잘했어요. (박수를 유도하며) **박수!**

또 누가 발표해요?

(손을 든 학생을 가리키며) **네, 발표해 보세요.**

S2 날씨가 맑아요. 운동을 해요. 날씨가 더워요. 수영을 해요.

비가 와요. 집에서 영화를 봐요.

잘했어요.

(몇 명 정도 더 발표하게 한 뒤)

와! 여러분 정말 잘하네요.

10 Okay, everyone, now pair up and have a conversation.

What do you do on sunny days? 날씨가 맑아요. 뭐 해요?

What do you do on cloudy days? 날씨가 흐려요. 뭐 해요?

Ask and answer. Talk for three minutes.

날씨	뭐 해요?
날씨가 맑아요.	
날씨가 흐려요.	
비가 와요.	
눈이 와요.	
바람이 불어요.	
날씨가 더워요.	
날씨가 추워요.	

Everyone, finished? Let's have some presentations.

Who wants to go first?

(Pointing to a student with a raised hand)

Yes, Mingming, **give it a try.**

⑤1 날씨가 좋아요. 산책을 해요. 비가 와요. 집에서 잠을 자요.

날씨가 더워요. 샤워를 해요. 날씨가 추워요. 옷을 많이 입어요.

Well done! (Encouraging applause) **Applause!**

Who else would like to present?

(Pointing to another student with a raised hand)

Yes, go ahead and present.

⑤2 날씨가 맑아요. 운동을 해요. 날씨가 더워요. 수영을 해요.

비가 와요. 집에서 영화를 봐요.

Great job.

(After a few more presentations)

Wow! Everyone, you did really well!

05 마무리편

마무리는 해당 차시 수업에서 학습한 내용을 학습자들이 이해를 했는지 최종적으로 확인하고 정리하는 단계이다.

마무리단계 | 학습 내용 정리, 질의응답, 차시 예고, 마무리 인사

✏️ **한국어로 가르치기**

1 오늘은 '-이에요/예요' 공부했어요. 질문 있어요?
　Ss 아니요, 없어요.
　숙제 있어요.
　(가수 사진을 보여 주며) 이 사람은 누구예요?
　Ss 아이유예요.
　맞아요.
　다음 시간에 여러분이 좋아하는 가수 소개해 주세요.
　Ss 네.
　다음 시간에는 '위, 아래, 앞, 뒤' 공부해요.
　여러분 수고했어요.

2 오늘은 '-았어요' 과거 표현 공부했어요. 질문 있어요?
　Ss 아니요. 없어요.
　숙제 있어요.
　지난 주말에 무엇을 했어요? (손가락 세 개를 들고)
　세 가지 써 오세요.
　Ss 네.
　다음 시간에는 주말에 뭐 해요? '주말 계획' 공부해요.
　수고했어요.

✏ 영어로 가르치기

1 **Today, we studied** '-이에요/예요'.
Do you have any questions?
Ss 아니요, 없어요.
I will give you homework.
(Showing a picture of a singer) **Who is this person?**
Ss 아이유예요.
That's right.
Next time, please introduce your favorite singer.
Ss 네.
Next time, we'll study 'above, below, in front of, behind'.
You did really well today.

2 **Today, we learned to talk about** what you did in the past using '-았어요'.
Do you have any questions?
Ss 아니요. 없어요.
I have some homework for you.
Please write about three things what you did last weekend.
(Showing three fingers) **Three things.**
Ss 네.
Next time, we'll learn how to talk about your plans for the weekend.
You did a great job today.

3 오늘은 '-(으)ㄹ 거예요' 미래 표현 **공부했어요.**
이제 '-(으)ㄹ 거예요' 잘 말할 수 있어요?

　Ss 네.

다음 시간에 방학 계획 **3개** 써 오세요. 숙제예요.

　Ss 네.

다음 시간에는 취미에 대해 공부하겠습니다.
수고하셨습니다.

4 오늘은 '-는 것을 좋아해요' 그리고 취미에 대해 공부했어요.
질문 있어요?

　Ss 아니요, 질문 없어요.

숙제 있어요. 여러분 친구 3명 취미 알아오세요.
숙제 안 하면, 다음 시간에 앞에서 노래 불러요. 알겠어요?

　Ss 네.

다음 시간에는 직업에 대해 공부할 거예요.
수고하셨습니다.

5 오늘은 '-고 싶어요' 공부했어요.
질문 있어요?

　Ss 없어요.

숙제 있어요. 여러분과 친구가 하고 싶은 일 **3개** 써 오세요.
오늘은 여기까지 할게요.
다음 시간에는 교통에 대해 공부해요. 수고했어요.

3 Today, we learned how to **talk about** your future plans using '-(으)ㄹ 거예요'.
Can you now talk about your future plans **using** '-(으)ㄹ 거예요'?

Ss 네.

For homework, please write about at least three things you plan to do during the vacation.

Ss 네.

Next time, we'll learn how to talk about hobbies.
You did a great job today.

4 Today, we learned how to **talk about** your hobbies using '-는 것을 좋아해요'.
Do you have any questions?

Ss 아니요, 질문 없어요.

I've got some homework for you.
Find out the hobbies of three of your friends.
If you don't do your homework, you'll have to sing in front of the class next time. Got it?

Ss 네.

Next time, we'll learn how to talk about occupations.
Good job today!

5 Today, we learned how to **express** what you want to do using '-고 싶어요'.
Do you have any questions?

Ss 없어요.

I'll give you some homework.
Write about three things you'd like to do with your friends.
That's all for today.
Next time, we'll find out about transportation.
Great job, everyone!

6 오늘은 '-으로 갈아타다'를 배웠어요.

질문 있어요?

Ss 없어요.

숙제 있어요. 여러분 고향에 어떻게 가요?

'-(으)로 갈아타다' 사용해서 숙제해 오세요.

다음 시간에는 하루일과에 대해 공부해요.

오늘은 여기까지 할게요. 수고하셨습니다.

7 오늘은 '몇 시 몇 분에 무엇을 해요?' 공부했어요.

질문 있어요?

Ss 없어요.

숙제가 있어요.

여러분은 몇 시에 무엇을 해요? 여러분의 하루를 쓰세요.

다음 시간에도 시간 공부할 거예요.

오늘은 여기까지 할게요. 수고하셨습니다.

8 오늘은 '동안'을 배웠어요.

질문 있어요?

Ss 없어요.

숙제 있어요. 여러분이 매일 하는 일 쓰세요.

어디에서 무엇을 해요? 몇 시간 동안 해요? 세 가지 쓰세요.

다음 시간에는 사과하기 공부할 거예요.

오늘은 여기까지 할게요. 수고하셨습니다.

6 **Today, we learned to talk about** transferring transportation using '-으로 갈아타다'.

Any questions?

Ss 없어요.

You have some homework.

Write about how you go to your hometown **using** '-(으)로 갈아타다'.

Next time, we'll learn how to talk about your daily plans.

That's all for today.

Well done, everyone!

7 **Today, we learned how to talk about** our daily routines using '몇 시 몇 분에'.

Any questions?

Ss 없어요.

You have some homework.

Write about your daily routine.

Next time, we'll continue studying time.

That's all for today.

You all worked very hard.

8 **Today, we learned how to talk about** duration using '동안'.

Any questions?

Ss 없어요.

You have some homework.

Write about three things you do every day.

Where do you do them?

How many hours do you spend on each?

Next time, we'll learn how to apologize.

That's all for today.

Well done, everyone!

9 오늘은 '-아서/어서/여서'를 공부했어요.
그리고 이유 말하고 사과하는 **것 배웠어요.**
질문 있어요?

㏒ 없어요.

숙제가 있어요.

여러분 친구에게, 선생님에게 사과하고 싶은 거 있어요?

㏒ 네, 있어요.

'-아서/어서/여서' 사용해서 사과하는 말을 두 가지 써 오세요.

다음 시간에는 계절, 날씨에 대해 공부해요.

오늘은 여기까지 할게요. 수고하셨습니다.

10 오늘은 날씨를 배웠어요.
질문 있어요?

㏒ 없어요.

숙제가 있어요.

인터넷에서 날씨 보세요. 이번 주말 날씨가 어때요?

다음 시간에 저에게 알려 주세요.

다음 시간에는 음식에 대해 공부해요.

여러분 오늘도 수고하셨습니다.

9 **Today, we learned how to explain** reasons using '-아서/어서/여서' **and also** how to apologize.

Any questions?

Ss 없어요.

You have some homework.

Do you have anything you want to apologize for **to friends or teachers.**

Ss 네, 있어요.

Write two apologies using '-아서/어서/여서'.

Next time, we'll learn how to talk about seasons and the weather.

That's all for today.

Well done, everyone!

10 **Today, we learned how to talk about** the weather.

Any questions?

Ss 없어요.

You have some homework.

Check the weather online.

How is the weather going to be this weekend?

Please let me know in the next class.

Next time, we'll learn how to talk about food.

Great job today, everyone!

💡 한국어 교안 제시 문법

물건	-이에요/예요	│ 사물이름 말하기
주말활동	-았/었/였	│ 과거 경험 말하기
주말계획	-(으)ㄹ 거예요	│ 미래 표현하기
취미	-는 것을 좋아하다	│ 취미 말하기
직업	-고 싶다 / -고 싶어하다	│ 희망 표현하기
교통	-(으)로 갈아타다	│ 환승 표현하기
시간(1)	-시 -분에	│ 시간 표현하기
시간(2)	동안	│ 소요 시간 말하기
사과	-아/어/여서	│ 이유 설명하기
날씨	ㅂ 불규칙	│ 날씨 표현하기

제2부

한국어 교안
작성 사례

교안은 교사가 수업을 위하여 계획한 내용을 순차적이고 구체적으로 나타낸 것입니다. 교안 작성을 통하여 사전 수업 계획을 수립하여 수업 효과를 증대시키고, 이를 통하여 효과적이고 안정적인 수업 진행이 가능합니다.

1과 수업지도안

수준	초급(1급)	문법 항목	'-이에요/예요'
주제	물건	기능	사물 이름 말하기
활동	교실의 사물 이름 묻고 답하기		
학습목표	'-이에요/예요'를 익혀 사물의 이름을 묻고 답할 수 있다.		
단계(시간)	교수 · 학습내용		

<table>
<tr><td rowspan="1">도입</td><td>

☑ 인사 및 출석 확인

여러분 안녕하세요. 오늘 날씨가 너무 좋지요?

Ss 네.

오늘도 재미있게 한국어 공부를 합시다! 출석 확인하겠습니다.

☑ 전시 복습

지난 시간에 '이것, 그것, 저것'에 대해 공부했어요. 기억해요? 그럼 복습해 볼까요?

(손으로 위치, 방향을 가리키며 학생의 대답을 유도한다) (가까운 것을 가리키며)

Ss 이것

(학생이 가지고 있는 것을 가리키며)

Ss 그것

(교사, 학생과 멀리 떨어져 있는 것을 가리키며)

Ss 저것

잘했어요.

☑ 문형 도입

(책을 가리키며) 여러분 이것은 뭐예요?

Ss 책

('책이에요'를 판서하며) 네, 책이에요. (시계를 가리키며) 저것은 뭐예요?

Ss 시계

('시계예요'를 판서하며) 네, 시계예요.

☑ 목표 제시

(판서한 내용을 가리키며) 오늘은 '-이에요/예요' 같이 공부해요.

</td></tr>
</table>

제시 설명	('책'을 가리키며) 이것은 책이에요. ('의자'를 가리키며) 이것은 의자예요. (PPT 제시) 시계 → 시계**예요** 책 → 책**이에요** 의자 → 의자**예요** 책상 → 책상**이에요** 컴퓨터 → 컴퓨터**예요** 연필 → 연필**이에요** (시계의 '계'를 가리키며) '시계' 받침이 없어요. '-예요' (의자의 '자'를 가리키며) '의자' 받침이 없어요. '-예요' (컴퓨터의 '터'자를 가리키며) '컴퓨터' 받침이 없어요. '-예요' 시계 시계예요, 의자 의자예요, 컴퓨터 컴퓨터예요 (책의 'ㄱ' 받침을 가리키며) '책' 받침이 있어요. '-이에요' (책상의 'ㅇ' 받침을 가리키며) '책상' 받침이 있어요. '-이에요' (연필의 'ㄹ' 받침을 가리키며) '연필' 받침이 있어요. '-이에요' 책, 책이에요. 책상, 책상 이에요. 연필, 연필이에요. 알겠어요? Ss 네. '-이에요/예요' 앞에는 (PPT를 가리키며) '시계, 의자, 컴퓨터, 책상, 연필' 이렇게 명사가 와요. 질문 있어요? Ss 아니요, 없어요.
연습	(그림 카드를 넘기며) 이것은 무엇이에요? Ss 책이에요. 맞아요. 책이에요. 이것은 뭐예요? Ss 연필이에요. 네. 이것은 연필이에요. 이건 뭐예요? Ss 지우개예요. 네. 이것은 지우개예요. 이건 뭐예요? Ss 의자예요. 맞아요. 이것은 의자예요. 이건요? Ss 가방이에요. 네. 이것은 가방이에요. 잘했어요.

그림을 보고 옆 친구와 이야기해 보세요.

(1) (컴퓨터 그림)	가: 이것은 뭐예요? 나: _____.
(2) (가방 그림)	가: 이것은 뭐예요? 나: _____.
(3) (책상 그림)	가: 이것은 뭐예요? 나: _____.

다 했어요? 1번 누가 해 볼까요?

(손 든 학생을 가리키며) 네, 해 보세요.

S1 이것은 뭐예요?

S2 컴뷰터예요.

잘했어요. 그런데 발음 연습 조금 더 해 볼까요?

('컴퓨터' 판서하며) 따라 하세요. 컴퓨터

Ss 컴퓨터

('ㅋ, ㅍ, ㅌ'을 동그라미 치며) ㅋ, ㅍ, ㅌ은 바람이 많이 나가요. (손동작으로 입에서 공기가 나가는 것을 묘사하며)

따라 하세요. 컴퓨터

Ss 컴퓨터

잘했어요. 2번 누가 하고 싶어요?

(손 든 학생을 가리키며) 네, 해 보세요.

S3 이것은 뭐예요?

S4 가방이에요.

정말 잘했어요.

3번은 누가 할까요? (손 든 학생을 가리키며) 네, 해 보세요.

S5 이것은 뭐예요?

S6 책상이에요.

(엄지손가락을 치켜들며) 잘했어요.

활용

(두 명씩 팀으로 나누어 주며)

린, 미키 짝이에요. 그리고 진, 제임스 짝이에요. 교실에 무엇이 있어요? 질문하고 대답해 보세요. 질문 어떻게 해요?

이것은 뭐예요? 그것은 뭐예요? 저것은 뭐예요? 지금부터 2분 줄게요. 친구와 이야기해 보세요.

	앞에 나와서 친구와 발표해 봅시다. 누가 해요? (손 든 학생을 가리키며) 린, 미키 씨 해 봐요. S1 미키 씨, 이것은 뭐예요? S2 책이에요. 린 씨 그것은 뭐예요? S1 컴퓨터이에요. 미키 씨 저것은 뭐예요? S2 저것은 시계예요. 잘했어요. (다른 학생들의 박수를 유도하며) 여러분 박수! 잘했는데 한 가지. 컴퓨터이에요. 맞아요? ('컴퓨터' 판서한 후 '터'에 동그라미 치며) 받침이 있어요? Ss 없어요. 그래요. 받침이 없어요. 그럼 어떻게 해요? Ss 컴퓨터예요. 잘했어요. 다음은 누가 해요? (손을 든 학생을 보며) 해 봐요. S3 왕호 씨, 그것은 뭐예요? S4 가방이에요. 사라 씨 이것은 뭐예요? S3 노트북이에요. 왕호 씨 저것은 뭐예요? S4 책상이에요. 정말 잘했어요.
마무리	오늘은 '-이에요/예요' 공부했어요. 질문 있어요? Ss 아니요, 없어요. 숙제 있어요. (가수 사진을 보여 주며) 이 사람은 누구예요? Ss 아이유예요. 맞아요. 다음 시간에 여러분이 좋아하는 가수 소개해 주세요. Ss 네. 다음 시간에는 '위, 아래, 앞, 뒤' 공부해요. 여러분 수고했어요.

수준	초급(1급)	문법 항목	'-았/었/였'
주제	주말 활동	기능	과거 경험 말하기
활동	주말 활동 찾기, 과거 경험 묻고 답하기		
학습목표	'-았/었/였'을 사용하여 과거의 경험에 대해 이야기할 수 있다.		
단계(시간)	교수 · 학습내용		

단계(시간)	교수 · 학습내용
도입	☑ **인사 및 출석 확인** 여러분 안녕하세요. 오늘 날씨가 안 좋지요? Ss 네. 날씨는 조금 안 좋지만 오늘도 재미있게 공부해요. 출석 확인할게요. ☑ **전시 복습** 지난 시간에 '어제, 오늘, 내일' 공부했어요. 기억해요? 그럼 복습해 볼까요? (달력을 가리키며 학생의 대답을 유도한다) (달력 오늘 날짜를 가리키며) Ss 오늘 (달력 어제 날짜를 가리키며) Ss 어제 (달력 내일 날짜를 가리키며) Ss 내일 잘했어요. ☑ **문형 도입** (달력 어제 날짜를 가리키며) 나는 어제 친구와 영화를 봤어요. 이명 씨 어제 뭐 했어요? S1 어제 잠을 자요. 이명 씨는 어제 잠을 잤어요. 샤흐조드 씨는 어제 뭐 했어요? S2 도서관 가요. 그랬군요. 샤흐조드 씨는 어제 도서관에 갔어요. 응언 씨는 어제 무엇을 했어요? S3 친구를 만..났..어요. 우와! 정말 잘했어요. 응언 씨는 어제 친구를 만났어요. ☑ **목표 제시** ('-았/었/였어요' 판서하며) 오늘은 '-았/었/였어요' 함께 공부해요.

제시 설명	'-았/었/였'은 '과거 표현'이에요. (빵 그림을 보여 주며) 빵이 있어요. (먹는 척하며) 빵을 먹어요. (빈 접시 그림을 보여 주며) 빵이 없어요. 빵 어디에 있어요? Ss 선생님 먹어요. 내가 빵을 먹었어요. (PPT 제시) 살 다 : 살 + **았** → 살았어요 　　먹 다 : 먹 + **었** → 먹었어요 잡 다 : 잡 + **았** → 잡았어요 　　읽 다 : 읽 + **었** → 읽었어요 만나다 : 만나 + **았** → 만났어요 　공부하다 : 공부하 + **였** → 공부하였어요 → 보 다 : 보 + **았** → 보았어요 → 봤어요 　　　　　　공부했어요 　　　　　　　　　　　　　　　　　수영하다 : 수영하 + **였** → 수영하였어요 → 　　　　　　　　　　　　　　　　　　　　　　　수영했어요 ('살다, 잡다'의 'ㅏ', '보다'의 'ㅗ'를 가리키며) 'ㅏ', 'ㅗ'로 끝날 때 ('았'을 동그라미 치며) '았'이 와요. 살다, 살았어요. 잡다, 잡았어요. 만나다, 만나았어요, 만났어요. 보다, 보았어요, 봤어요. ('공부하다, 수영하다'의 '하다'를 가리키며) '하다'가 오면 ('였'을 동그라미 치며) '였'이 와요. 공부하다, 공부하였어요. (엄지와 검지의 간격을 줄이며) 공부했어요. 수영하다, 수영하였어요,(엄지와 검지의 간격을 줄이며) 수영했어요. 'ㅏ, ㅗ', '하다' 말고 'ㅓ, ㅣ, ㅜ…' 모두 '었'을 써요. 알겠어요? Ss 네. (PPT를 가리키며) 먹다, 먹었어요. 읽다, 읽었어요. '-았어요/었어요/였어요' 앞에는 동사, 형용사 와요. 질문 있어요? Ss 아니요, 없어요.
연습	(동사 카드를 넘기며) '-았/었/였' 과거형으로 이야기해 봐요. 가다 Ss 갔어요 　　　만나다 Ss 만났어요 　　입다 Ss 입었어요 놀다 Ss 놀았어요 　　좋아하다 Ss 좋아했어요 　오다 Ss 왔어요 마시다 Ss 마시었어요 / 마셨어요 정말 잘했어요. 이제 연습문제를 풀어 봅시다. (학생들을 가리키며) 두 명 짝, 두 명 짝이에요.

짝과 함께 질문하고 대답해 봐요. 시간은 1분. 시작하세요.

(1) 가: 어제 뭐 했어요?

　　나: 친구와 도서관에 (　　　　　)

(2) 가: 방학 때 뭐 했어요?

　　나: 책을 (　　　　　)

(3) 가: 주말에 뭐 했어요?

　　나: 피아노를 (　　　　　)

같이 해 볼까요? 누가 해요? 일매 씨, 진등 씨 해 보세요.

S1 어제 뭐 했어요?

S2 친구와 도서관에 갔어요.

잘했어요.

2번 누가할까요? (손 든 학생을 가리키며) 해 보세요.

S3 어제 뭐 했어요?

S4 책을 일었어요.

잘했어요.

('읽었어요'를 판서하며) 읽었어요 (받침ㄱ을 뒤로 보내며) 읽었어요.

따라 하세요. 읽었어요.

Ss 읽었어요.

다시 한 번, 읽었어요.

Ss 읽었어요.

잘했어요.

3번 누가 해요? (손 든 학생을 가리키며) 해 봐요.

S5 주말에 뭐 했어요?

S6 피아노를 치었어요.

잘했어요.

('치었어요'를 판서한 후 '치었'을 동그라미 치며) 빨리 읽어요. 쳤어요.

따라 하세요. 쳤어요.

Ss 쳤어요.

좋아요. 정말 잘했어요.

활용	이제 듣기 활동을 할 거예요.
	
	세 명의 친구가 있어요. 친구들은 지난 주말에 무엇을 했어요? 잘 들어보세요.
	
	(1) 가: 왕핑 씨, 지난 주말에 뭐 했어요? (영화관 그림)
	     나: 백화점에 갔어요. (백화점 그림)
	                                             (도서관 그림)
	
	(2) 가: 브랜든 씨 지난 주말에 뭐 했어요? (잠을 자는 그림)
	     나: 집에서 잠을 잤어요. (요리하는 그림)
	                                             (장 보는 그림)
	
	(3) 가: 수잔 씨, 주말에 집에 있었어요? (집에서 TV 보는 그림)
	     나: 아니요. 친구와 등산했어요. (달리기하는 그림)
	                                             (등산 그림)
	
	왕핑 씨는 주말에 무엇을 했어요?
	Ss 백화점에 갔어요.
	네. 백화점에 갔어요. 잘했어요. 브랜든 씨는 주말에 무엇을 했어요?
	Ss 잠을 잤어요.
	맞아요. 잠을 잤어요. 수잔 씨는 무엇을 했어요?
	S1 집에 있었어요.
	S2 등산했어요.
	집에 있었어요? 등산했어요? 3번 다시 들어보세요.
	정답 찾았어요? 수잔 씨는 무엇을 했어요?
	Ss 등산했어요.
	맞아요. 등산을 했어요. 잘했어요.

마무리	오늘은 '-았어요' 과거 표현 공부했어요. 질문 있어요? Ss 아니요. 없어요. 숙제 있어요. 지난 주말에 무엇을 했어요? (손가락 세 개를 들고) 세 가지 써 오세요. Ss 네. 다음 시간에는 주말에 뭐 해요? '주말 계획' 공부해요. 수고했어요.

3과 수업지도안

수준	초급(1급)	문법 항목	-(으)ㄹ 거예요
주제	주말 계획	기능	미래 표현하기
활동	주말 활동 묻고 답하기, 주말 계획 쓰기		
학습목표	'-(으)ㄹ 거예요'를 사용하여 미래의 할 일에 대해 표현할 수 있다.		
단계(시간)	교수 · 학습내용		

도입

☑ **인사 및 출석 확인**

여러분 안녕하세요. 오늘 기분 어때요?

Ss 좋아요.

나는 여러분을 만나서 너무 행복해요.

오늘도 우리 열심히 공부해요. 출석 확인할게요.

☑ **전시 복습**

지난주에 과거 표현 공부했어요. 기억해요? 그럼 복습해 볼까요?

(동사카드를 넘기며 학생의 대답을 유도한다.)

공부하다 Ss 공부했어요   가다 Ss 갔어요   오다 Ss 왔어요

입다 Ss 입었어요   만나다 Ss 만났어요

숙제 있었어요.

지난 주말에 무엇을 했어요? 썼어요? 보여 주세요.

발표해 볼까요? 누가 할까요?

(손 든 학생을 가리키며) 네, 상호 씨 해 보세요.

S1 주말에 친구와 경주에 갔어요. 친구와 재미있게 놀았어요.

잘했어요.

☑ **문형 도입**

(달력을 보여 주며) 어제, 오늘, 내일

따라 하세요. 어제

Ss 어제

오늘

Ss 오늘

내일

Ss 내일

잘했어요.

나는 내일 친구를 만나요. 나는 내일 친구를 만날 거예요. 일매 씨는 내일 뭐 해요?

	⑤1 도서관에서 공부해요.
	일매 씨는 내일 도서관에서 공부할 거예요. 진등 씨 내일 뭐 해요?
	⑤2 친구와 게임할 거예요.
	잘했어요. 진등 씨는 내일 친구와 게임할 거예요.
	☑ **목표 제시**
	('-(으)ㄹ 거예요' 판서하며) 오늘은 '-(으)ㄹ 거예요' 공부해요.
제시 설명	'-(으)ㄹ 거예요'는 '미래 표현'이에요.
	(달력을 보여 주며) 나는 주말에 백화점에 갈 거예요.
	나는 다음 주에 어머니를 만날 거예요.
	(PPT 제시)
	가 다 : 가 + ㄹ **거예요** → 갈 거예요
	만나다 : 만나 + ㄹ **거예요** → 만날 거예요
	공부하다 : 공부하 + ㄹ **거예요** → 공부할 거예요
	먹 다 : 먹 + 을 **거예요** → 먹을 거예요
	읽 다 : 읽 + 을 **거예요** → 읽을 거예요
	놀 다 : 놀 + ㄹ **거예요** → 놀 거예요
	만들다 : 만들 + ㄹ **거예요** → 만들 거예요
	('가다'의 '가'를 가리키며) 받침이 없어요. '-ㄹ 거예요'
	가다, 갈 거예요. 만나다, 만날 거예요. 공부하다, 공부할 거예요. ('먹다'의 'ㄱ' 받침을 동그라미 치며) 받침 있어요.
	받침 있으면 '-을 거예요' 써요.
	먹다, 먹을 거예요. 읽다, 읽을 거예요.
	('놀다, 만들다'의 'ㄹ' 받침을 동그라미 치며) ㄹ 있어요. ㄹ 있으면 ㄹ 거예요
	놀다, 놀 거예요. 만들다, 만들 거예요. ㄹ동사 잘 기억하세요.
	⑤s 네.
	'-(으)ㄹ 거예요' 앞에는 '가다, 만나다, 먹다' 동사가 와요.
	질문 있어요?
	⑤s 아니요, 없어요.
연습	(동사 카드를 넘기며) 'ㄹ 거예요'로 말해 보세요.
	가다 ⑤s 갈 거예요 만나다 ⑤s 만날 거예요 입다 ⑤s 입을 거예요 놀다 ⑤s 놀 거예요
	먹다 ⑤s 먹을 거예요 마시다 ⑤s 마실 거예요 만들다 ⑤s 만들 거예요
	이제 친구와 연습문제를 풀어 봅시다.

두 명 짝, 두 명 짝이에요. 짝과 함께 질문하고 대답해 봐요.

이번 주말에 뭐 할 거예요? (테니스 치는 그림)
내일 뭘 할 거예요?　(책을 읽는 그림)
다음 주말에 뭐 할 거예요? (친구와 노는 그림)

발표해 볼까요? 누가 해요? 샤흐조드 씨, 린 씨 해 보세요.

⑤1 이번 주말에 뭐 할 거예요?

⑤2 떼니스를 칠 거예요

잘했어요.

('테니스' 판서하며) 따라 하세요. 테니스

⑤s 테니스

테(입에서 바람이 나가는 시늉을 하며) 바람이 나가요. 따라 하세요. 테

⑤s 테

(학생들 개인별로 시켜 보며) 테니스

⑤1 테니스, ⑤2 테니스, …….

잘했어요.

다음 2번 누가할까요? (손 든 학생을 가리키며) 해 보세요.

⑤3 내일 뭘 할 거예요?

⑤4 책을 읽을 거예요.

잘했어요.

3번 누가 해요? (손 든 학생을 가리키며) 네, 해 봐요.

⑤5 다음 주말에 뭐 할 거예요?

⑤6 친구와 놀을 거예요.

('놀다' 판서하며) 놀다 ㄹ 있어요. 그럼 어떻게 해요?

⑤s 놀 거예요

정말 잘했어요.

활용	여러분은 주말에 무엇을 할 거예요? 써 보세요. 시간은 3분 줄게요. (3분 후) 다 썼어요? ⑤s 아니요. 2분 더 줄게요. 써 보세요. (2분 후) 이제 주말 계획을 발표해 봅시다. 누가 해요? 미미 씨 해 보세요.

	ⓢ1 저는 주말에 친구와 해운대에 갈 거예요. 해운대에서 친구와 바다를 볼 거예요. 해운대에서 사진을 칙을 거예요. 그리고 친구와 밥을 먹을 거예요. 잘했어요. 여러분 박수! 여러분, 미미 씨는 주말에 어디에 갈 거예요? ⓢs 해운대에 갈 거예요. 네, 해운대에 갈 거예요. 해운대에 가서 무엇을 할 거예요? ⓢs 바다를 볼 거예요. 네, 바다를 볼 거예요. 그리고 또 무엇을 할 거예요? ⓢs 사진을 칙을 거예요. 맞아요. 사진을 찍을 거예요. ('찍다' 판서하며) 따라 하세요. 찍다 ⓢs 찍다 잘했어요. 따라 하세요. 찍을 거예요. ⓢs 찍을 거예요. 그리고 무엇을 해요? ⓢs 친구와 밥을 먹을 거예요. 맞아요. 친구와 맛있는 음식을 먹을 거예요. 잘했어요.
마무리	오늘은 '-(으)ㄹ 거예요' 미래 표현 공부했어요. 이제 '-(으)ㄹ 거예요' 잘 말할 수 있어요? ⓢs 네. 다음 시간에 방학 계획 3개 써 오세요. 숙제예요. ⓢs 네. 다음 시간에는 취미에 대해 공부하겠습니다. 수고하셨습니다.

수준	초급(1급)	문법 항목	-는 것을 좋아하다
주제	취미	기능	취미 말하기
활동	취미 소개하기		
학습목표	'-는 것을 좋아하다'를 사용하여 자신의 취미에 대해 이야기할 수 있다.		
단계(시간)	교수 · 학습내용		

단계(시간)	교수 · 학습내용
도입	☑ **인사 및 출석 확인** 안녕하세요. 나는 아침에 K-pop을 들었어요. 여러분 K-pop 좋아해요? 어느 가수를 좋아해요? Ss BTS/ BLACKPINK / IVE……! 그렇군요. 저도 아주 좋아해요. 오늘도 열심히 공부해요. 출석 확인하겠습니다. ☑ **전시 복습** 지난주에 미래 표현 공부했어요. 기억해요? 그럼 복습해 볼까요? (동사카드를 넘기며 학생의 대답을 유도한다.) 공부하다 Ss 공부할 거예요 가다 Ss 갈 거예요 입다 Ss 입을 거예요 놀다 Ss 놀 거예요 잘했어요. 숙제 있었어요. 방학 계획 썼어요? 누가 발표해 볼까요? (손 든 학생을 가리키며) 린 씨 해 보세요. S1 나는 방학에 BTS 콘서트에 갈 거예요. 나는 K-pop을 좋아해요. 정말 잘했어요! 여러분 린 씨는 방학 때 뭘 할 거예요? Ss BTS 콘서트에 갈 거예요. 네, 린 씨는 BTS 콘서트에 갈 거예요. ☑ **문형 도입** 나는 월요일, 화요일, 수요일, 목요일, 금요일 (수영하는 흉내를 내며) 수영해요. 나는 수영하는 것을 좋아해요. 린 씨는 시간이 있어요. 무엇을 해요? S1 한국 드라마 봐요. 린 씨는 한국 드라마 보는 것을 좋아해요. 아야 씨는 무엇을 좋아해요?

	S2 쇼핑하는 것을 좋아해요.
	잘했어요. 아야 씨는 쇼핑하는 것을 좋아해요.
	☑ 목표 제시
	('-는 것을 좋아하다' 판서하며) 오늘 '-는 것을 좋아하다' 공부해요.
제시 설명	'-는 것을 좋아해요'는 자신이 좋아하는 것을 말할 때 사용해요.
	(PPT 제시)
	디나 씨는 책을 읽는 것을 좋아해요.
	민호 씨는 노래 부르는 것을 좋아해요.
	사요 씨는 음식 만드는 것을 좋아해요.
	여기 보세요. 따라 하세요.
	디나 씨는 책을 읽는 것을 좋아해요.
	Ss 디나 씨는 책을 읽는 것을 좋아해요.
	민호 씨는 노래 부르는 것을 좋아해요.
	Ss 민호 씨는 노래 부르는 것을 좋아해요.
	사요 씨는 음식 만드는 것을 좋아해요.
	Ss 사요 씨는 음식 만드는 것을 좋아해요.
	잘했어요.
	('읽는'의 'ㄺ' 받침을 가리키며) 받침 있어요. -는 것을 좋아해요
	('부르는'의 '르'를 가리키며) 받침 없어요. -는 것을 좋아해요.
	'만들다' ㄹ동사는 뒤에 ㄴ이 오면 받침 ㄹ이 없어져요.
	그래서 '만드는 것을 좋아해요' 라고 해요. 알겠어요?
	Ss 네.
	'-는 것을 좋아하다'는 앞에는 '읽다, 부르다, 만들다, 가다, 먹다' 동사가 와요.
	질문 있어요?
	Ss 아니요, 없어요.
연습	같이 연습해 봐요.
	(동사 카드를 넘기며) '-는 것을 좋아해요'로 말해 보세요.
	만나다 Ss 만나는 것을 좋아해요　　입다 Ss 입는 것을 좋아해요
	놀다 Ss 노는 것을 좋아해요　　마시다 Ss 마시는 것을 좋아해요
	먹다 Ss 먹는 것을 좋아해요　　만들다 Ss 만드는 것을 좋아해요
	잘했어요. 친구와 연습문제를 풀어 봅시다. 두 명 짝, 두 명 짝이에요.
	짝과 함께 질문하고 대답해 봐요. 시간은 1분. 시작하세요.

(1) 책을 읽는 것을 좋아해요?	네, ( ).
(2) 그림 그리는 것을 좋아해요?	아니요, ( ).
(3) 친구들과 노는 것을 좋아해요?	네, ( ).

발표해 볼까요? (손 든 학생을 가리키며) 해 보세요.

🅢1 책을 읽는 것을 좋아해요?

🅢2 네, 책을 읽는 것을 좋아해요.

잘했어요.

2번 누가 해요? (손 든 학생을 가리키며) 해 봐요.

🅢3 그림 그리는 것을 좋아해요?

🅢4 아니요, 그림 그리는 것을 좋아해요.

아니요. (고개를 흔들며) 안 좋아해요. 따라 하세요.

아니요, 그림 그리는 것을 안 좋아해요.

🅢5 아니요, 그림 그리는 것을 안 좋아해요.

다음 3번 누가 해요? (손 든 학생을 가리키며) 해 보세요.

🅢5 친구들과 노는 것을 좋아해요?

🅢6 네, 친구들과 노는 것을 좋아해요.

정말 잘했어요.

네 명이 팀이에요.

친구들에게 '-는 것을 좋아해요' 사용해서 자기 취미에 대해 말해 주세요.

3분 줄게요.

친구 이름	취미

(3분 후)

다 했어요? 이 팀에서 누가 발표할까요?

(손 든 학생을 가리키며) 진등 씨 해 보세요.

🅢1 밍 씨는 노래 부르는 것을 좋아해요.

　　토미 씨는 잠을 자는 것을 좋아해요.

　　미미 씨는 음식 만드는 것을 좋아해요.

활용	나는 한국어 공부하는 것을 좋아해요. (웃으며) 진등 씨는 한국어 공부하는 것을 좋아하네요. ('만들다' 판서하며) '만들는' 맞아요? ㄹ동사? Ss 만드는 그래요. 만드는 것을 좋아해요. 잘했어요. 다음은 어느 팀이 발표해 볼까요? (손 든 학생을 가리키며) 네. S2 나오코 씨는 등산하는 것을 좋아해요. 하이 씨는 외국어 공부하는 것을 좋아해요. 쭝 씨는 기타 하는 것을 좋아해요. 나는 맛있는 거 먹는 것을 좋아해요. (웃음) 나도 맛있는 거 먹는 것을 좋아해요. ('기타' 그림을 그려 주며) 기타를 치다, 기타?(대답을 유도하며) Ss 기타 치는 것을 좋아해요. 정말 잘했어요.
마무리	오늘은 '-는 것을 좋아해요' 그리고 취미에 대해 공부했어요. 질문 있어요? Ss 아니요, 질문 없어요. 숙제 있어요. 여러분 친구 3명 취미 알아오세요. 숙제 안 하면, 다음 시간에 앞에서 노래 불러요. 알겠어요? Ss 네. 다음 시간에는 직업에 대해 공부할 거예요. 수고하셨습니다.

5과 수업지도안

수준	초급(1급)	문법 항목	-고 싶다, -고 싶어하다
주제	직업	기능	희망 표현하기
활동	바라는 것 이야기하기, 장래 희망 말하기		
학습목표	'-고 싶다'를 사용하여 자신이 희망하는 것에 대해 이야기할 수 있다.		
단계(시간)	교수 · 학습내용		

단계(시간)	교수 · 학습내용
도입	☑ **인사 및 출석 확인** 안녕하세요. 오늘 눈이 와요. 여러분 눈 좋아해요? ⑤₁ 눈 좋아해요. / ⑤₂ 안 좋아해요. 그렇군요. 나도 눈을 좋아해요. / 그래요? 하지만 나는 눈을 좋아해요. 여러분을 보니까 기분이 정말 좋아요. 오늘도 재미있게 공부해요. 출석 확인할게요. ☑ **전시 복습** 지난주 취미에 대해 공부했어요. 기억해요? 복습해 볼까요? (그림 카드를 넘기며 학생의 대답을 유도한다.) (테니스를 치는 그림) Ss 테니스 치는 것을 좋아해요 (책을 읽는 그림) Ss 책을 읽는 것을 좋아해요 (그림 그리는 그림) Ss 그림 그리는 것을 좋아해요 잘했어요. 지난 시간 숙제 있었어요. 룸메이트 취미 뭐예요? 누가 발표해 볼까요? (손 든 학생을 가리키며) 해 보세요. ⑤₁ 미키 씨는 농구하는 것을 좋아해요. 잘했어요. ☑ **문형 도입** (영화 포스터를 보여 주며) 여러분 영화 좋아해요? Ss 네, 좋아해요. 그래요? 나도 영화를 좋아해요. 오늘 수업이 끝난 후에 영화를 보고 싶어요. 사야카 씨는 수업 후에 무엇을 하고 싶어요?

	S1 진등 씨와 바브 먹고 싶어요.
	정말요? 와! 사야카 씨는 진등 씨와 밥을 먹고 싶군요.
	('밥' 판서하며) 밥. 선생님 입 보세요. 밥.
	한 명씩 해 볼까요?
	S1 밥, **S2** 밥, …….
	모두 잘했어요. ('밥을' 판서하며) ㅂ 소리가 여기로 올라가요.
	'밥을[바블]' 따라 하세요.
	Ss 밥을[바블]
	네, 잘했어요.
	☑ **목표 제시**
	오늘은 '-고 싶어요' 같이 공부해요.
	'-고 싶다'는 하고 싶은 일을 말할 때 사용해요.
	(PPT 제시)
	나는 제주도에 가고 싶어요.
	나는 친구와 놀고 싶어요.
	미키 씨는 불고기를 먹고 싶어해요.
	첸첸 씨는 춤을 추고 싶어해요.
제시 설명	여기 보세요. 따라 하세요.
	나는 제주도에 가고 싶어요.
	Ss 나는 제주도에 가고 싶어요.
	나는 친구와 놀고 싶어요.
	Ss 나는 친구와 놀고 싶어요.
	미키 씨는 불고기를 먹고 싶어해요.
	Ss 미키 씨는 불고기를 먹고 싶어해요.
	첸첸 씨는 춤을 추고 싶어해요.
	Ss 첸첸 씨는 춤고 추고 싶어해요.
	(PPT를 가리키며) 받침이 있어요. '-고 싶어요',
	받침이 없어요. '-고 싶어요' 모양이 같아요.
	('나'를 가리키며) 나는 '-고 싶어요'
	(학생들을 가리키며) 미키는, 첸첸은 '-고 싶어해요' 써요.
	알겠어요?
	Ss 네.

	'–고 싶어요' 앞에는 '가다, 먹다, 자다' 동사가 와요. 질문 있어요? Ss 아니요, 없어요.
연습	같이 연습해 봐요. (동사 카드를 넘기며) '–고 싶어요'로 대답해 보세요. **만나다** Ss 만나고 싶어요　　　**입다** Ss 입고 싶어요　　　**놀다** Ss 놀고 싶어요 **먹다** Ss 먹고 싶어요　　　**마시다** Ss 마시고 싶어요　　**만들다** Ss 만들고 싶어요 잘했어요. 친구와 다음 문제를 풀어 봐요. 두 명 짝, 두 명 짝이에요. 짝과 함께 질문하고 대답해요. 시간은 1분. 시작하세요. 어디에 가고 싶어요? (　　　　　). 언제 가고 싶어요?　(　　　　　). 무엇을 하고 싶어요? (　　　　　). 발표해 볼까요? 누가 해요? (손 든 학생을 가리키며) 해 보세요. S1 어디에 가고 싶어요? S2 해운대에 가고 싶어요. S1 언제 가고 싶어요? S2 주말에 가고 싶어요. S1 무엇을 하고 싶어요? S2 바다를 보고 싶어요. 정말 잘했어요. 린 씨, 미키 씨는 어디에 가고 싶어해요? S3 미키 씨는 해운대에 가고 싶어해요. 이동 씨, 미키 씨는 언제 해운대에 가고 싶어해요? S4 주말에 해운대에 가고 싶어해요. 율리아 씨, 미키 씨는 해운대에서 무엇을 하고 싶어해요? S5 미키 씨는 해운대에서 바다를 보고 싶어해요. 정말 잘했어요.
활용	나중에 무슨 일을 하고 싶어요? 친구와 이야기해 보세요. 네 명이 팀이에요. 3분 줄게요. 해 보세요. | 친구 이름	직업 | |---|---| | | | | | |

(3분 후)

다 했어요? 이 팀에서 누가 발표할까요?

(손 든 학생을 가리키며)

미키 씨, 친구들이 하고 싶은 일에 대해서 말해 보세요.

S1 미나 씨는 한국어 선생님이 되고 싶어해요.

　　소이 씨는 요리사가 되고 싶어해요.

　　이호 씨는 회사원이 되고 싶어해요.

　　나는 CEO가 되고 싶어요.

(웃으며) 미키 씨 CEO가 되고 싶군요.

다른 팀? (손 든 학생을 가리키며) 네, 해 보세요.

S2 제임스 씨는 통역사가 되고 싶어해요.

　　왕진 씨는 선생님이 되고 싶어해요.

　　알렉산드라 씨는 한국 식당 사장님이 되고 싶어해요.

　　나는 컴퓨터 게임하는 사람이 되고 싶어요.

(웃으며) 알렉산드라 씨는 한국 식당 사장님이 되고 싶군요.

('프로게이머' 판서하며) 컴퓨터 게임하는 사람 프로게이머예요.

따라 하세요. 프로게이머.

Ss 프로게이머

잘했어요.

뜨엉 씨는 무슨 일을 하고 싶어요?

S2 나는 프로게이머가 되고 싶어요.

네, 정말 잘했어요.

마무리

오늘은 '-고 싶어요' 공부했어요.

질문 있어요?

Ss 없어요.

숙제 있어요. 여러분과 친구가 하고 싶은 일 3개 써 오세요.

오늘은 여기까지 할게요.

다음 시간에는 교통에 대해 공부해요. 수고했어요.

6과 수업지도안

수준	초급(1급)	문법 항목	-(으)로 갈아타다
주제	교통	기능	환승 표현하기
활동	교통수단 이용 방법 말하기, 가고 싶은 장소 위치 설명하기		
학습목표	'-(으)로 갈아타다'를 사용하여 교통수단 이용 방법에 대해 이야기할 수 있다.		
단계(시간)	교수 · 학습내용		

도입

☑ **인사 및 출석 확인**

안녕하세요. 점심 맛있게 먹었어요? 뭐 먹었어요?

S1 샌드위치 / S2 햄버거 / S3 파스타

그래요? 나는 한식을 먹었어요.

우리 맛있게 점심 먹었으니까 오늘도 힘내서 재미있게 공부해요.

출석 확인할게요.

☑ **전시 복습**

우리 지난 시간 교통수단 공부했어요.

미키 씨, 기숙사에서 학교까지 어떻게 와요?

S1 기숙사에서 학교까지 버스를 타고 와요.

잘했어요.

왕명 씨, 집에서 공항까지 어떻게 가요?

S2 집에서 공항까지 지하철을 타고 가요.

정말 잘했어요.

☑ **문형 도입**

여러분 해운대 알아요?

Ss 네, 알아요.

(부산지하철 노선도를 보여 주며) 부산역에서 해운대까지 어떻게 가요?

Ss 부산역에서 서면까지 1호선을 타고 가요.

　　그리고 서면에서 해운대까지 2호선을 타요.

맞아요.

부산역에서 서면까지 1호선을 타고 가요.

그리고 서면역에서 2호선으로 갈아타요.

☑ **목표 제시**

('-(으)로 갈아타다'를 판서하며) 오늘은 '-(으)로 갈아타다' 같이 공부해요.

	(부산지하철 노선도에서 '부산역'과 '해운대'를 동그라미 치며)
	부산역에서 해운대까지 어떻게 가요?
	부산역에서 서면까지 1호선을 타요. 서면에서 2호선으로 갈아타요.
	1호선에서 내려요. 2호선 타요. 2호선으로 갈아타요.
	'-(으)로 갈아타요' 알겠어요?
	Ss 네.
	(PPT 제시)
	101번 버스로 갈아타세요.
	여기서 3호선으로 갈아타세요.
	다음 정류장에서 내리세요. 그리고 지하철로 갈아타세요.
	자, 여기 보세요. 따라하세요.
	101번 버스로 갈아타세요.
제시 설명	Ss 101번 버스로 갈아타세요.
	여기서 3호선으로 갈아타세요.
	Ss 여기서 3호선으로 갈아타세요.
	다음 정류장에서 내리세요. 그리고 지하철로 갈아타세요.
	Ss 다음 정류장에서 내리세요. 그리고 지하철로 갈아타세요.
	(PPT의 '버스'의 '스'를 동그라미 치며) 버스 받침이 없어요. '-로 갈아타다'
	('3호선'에서 'ㄴ'을 동그라미 치며) 3호선 받침이 있어요. '-으로 갈아타다' 써요.
	('지하철'에서 'ㄹ'을 동그라미 치며) 지하철 ㄹ 받침이에요. ㄹ받침은 '-로 갈아타다' 라
	고 해요.
	알겠어요?
	Ss 네.
	'-(으)로 갈아타다' 앞에는 '버스, 택시, 배' 명사가 와요.
	질문 있어요?
	Ss 아니요, 없어요.
	같이 연습해 봐요.
	(교통수단 카드를 넘기며) '-(으)로 갈아타요'로 말해 보세요.
연습	
	택시 Ss 택시로 갈아타요. 지하철 Ss 지하철로 갈아타요.
	4호선 Ss 4호선으로 갈아타요. 배 Ss 배로 갈아타요.

잘했어요. 이제 연습문제를 해 봅시다. 두 명 짝, 두 명 짝이에요.

(1) 제주도에 어떻게 가요?

서울역	⇨ (지하철)	김포공항	⇨ (비행기)	제주도

서울역에서 김포공항까지 지하철을 타고 가세요.
김포공항에서 _____ .

(2) 설악산에 어떻게 가요?

여기	⇨ (버스)	시외버스 터미널	⇨ (시외버스)	설악산

_____ .

(3) 인사동에 어떻게 가요?

대전	⇨ (기차)	서울역	⇨ (지하철)	인사동

_____ .

같이 해 볼까요? 1번? (손 든 학생을 가리키며) 네, 해 보세요.

S1 제주도에 어떻게 가요?

S2 서울역에서 김포공항까지 지하철을 타고 가세요.
    김포공항에서 비행기로 갈아타세요.

잘했어요.

2번? (손 든 학생을 가리키며) 흐엉 씨 해 보세요.

S3 설악산에 어떻게 가요?

S4 여기에서 시외버스 터미널까지 버스를 타고 가세요.
    시외버스 터미널에서 시외버스로 갈아타세요.

정말 잘했어요.

3번? (손 든 학생을 가리키며) 해 보세요.

S5 인사동에 어떻게 가요?

S6 대전에서 서울역까지 기차를 타고 가세요. 서울역에서 지하철로 갈아타세요.

지하철 'ㄹ' 받침 있어요. 어떻게 해요?

S6 지하철로 갈아타세요.

네, 정말 잘했어요.

활용	여러분 어디에 가고 싶어요? 친구에게 가고 싶은 장소를 물어보세요. 그리고 어떻게 가요? 물어봐요. 두 명이 팀이에요. 3분 줄게요. 해 보세요. (3분 후) 다 했어요? 누가 발표해요? (손 든 학생을 가리키며) 해 보세요. S1 이호 씨 어디에 가고 싶어요? S2 경주에 가고 싶어요. S1 어떻게 가요? S2 여기서 고속버스 터미널까지 지하철을 타고 가요. 　　터미널에서 버스로 갈아타요. 정말 잘했어요. 또 누가 해 볼까요? (손 든 학생을 가리키며) 네. S3 알렉스 씨 어디에 가고 싶어요? S4 고향에 가고 싶어요. S3 어떻게 가요? S4 여기서 공항까지 택시를 타고 가요. 　　공항에서 비행기로 갈아타요. 오늘 여러분 정말 잘하네요.
마무리	오늘은 '-으로 갈아타다'를 배웠어요. 질문 있어요? Ss 없어요. 숙제 있어요. 여러분 고향에 어떻게 가요? '-(으)로 갈아타다' 사용해서 숙제해 오세요. 다음 시간에는 하루일과에 대해 공부해요. 오늘은 여기까지 할게요. 수고하셨습니다.

7과 수업지도안

수준	초급(1급)	문법 항목	-시 -분에
주제	시간(1)	기능	시간 표현하기
활동	시간 묻고 답하기, 하루 일과 이야기하기		
학습목표	'-시 -분에'를 사용하여 하루 일과를 이야기할 수 있다.		
단계(시간)	교수 · 학습내용		

단계(시간)	교수 · 학습내용
도입	**☑ 인사 및 출석 확인** 안녕하세요. 오늘 날씨가 아주 따뜻하지요? (Ss) 네. 오늘도 즐겁게 공부해요. 출석 확인할게요. **☑ 전시 복습** 지난 시간에 환승 공부했어요. '-(으)로 갈아타다' 기억해요? (Ss) 네. 그럼 복습해 볼까요? (부산지하철 노선도 또는 판서로 경로를 제시하며) 부산역에서 해운대까지 지하철로 어떻게 가요? (표) (Ss) 부산역에서 서면까지 지하철 1호선을 타고 가세요. 　　서면에서 2호선으로 갈아타세요. 잘했어요. 하지만 실수가 하나 있어요. (2호선의 '선'을 가리키며) 선에 받침이 있어요. 그러면 '-으로'일까요? '-로'일까요? (Ss) '-으로'예요. 2호선으로 갈아타세요. 그렇지요. 그래서 '2호선으로'가 맞아요. 아주 잘했어요. **☑ 문형 도입** 여러분, 우리 수업 시작이 몇 시예요? (Ss) 구 시. 맞아요. 아홉 시에 시작해요. 그럼 수업이 몇 시에 끝나요? (Ss) 일 시. 한 시? 그래요. 한 시에 끝나요. 그런데 지금 몇 시예요?

표 (교수·학습내용 안의 제시표):

부산역	⇨ (지하철 1호선)	서면	⇨ (지하철 2호선)	해운대

	⑤s …….
	잘 모르겠어요?
	⑤s 네.
	(웃으면서) 여러분 괜찮아요. 오늘 배울 거예요.
	☑ **목표 제시**
	('-시 -분'을 판서하며) 오늘은 '몇 시 몇 분에' 같이 공부해요.
제시 설명	(시계 그림을 제시하며) 여기에 시계가 있어요.
	숫자 1은 몇 시일까요?
	⑤s 일 시
	숫자 1은 일 시가 아니고, 한 시예요.
	(시계의 숫자를 가리키며 숫자 옆에 시간을 판서한다.)
	1-한 시, 2-두 시, 3-세 시, 4-네 시, 5-다섯 시, 6-여섯 시,
	7-일곱 시, 8-여덟 시, 9-아홉 시, 10-열 시, 11-열한 시, 12-열두 시
	따라 하세요.
	한 시
	⑤s 한 시
	두 시
	⑤s 두 시, …….
	잘했어요.
	그럼, 이제 몇 분을 말해 봅시다. 몇 분을 말할 때는 일, 이, 삼 써요.
	1-일 분, 2-이 분, 3-삼 분 … 10-십 분, 11-십일 분, 22-이십이 분
	33-삼십삼 분, 44-사십사 분, 55-오십오 분, 60-육십 분
	따라 하세요.
	일 분
	⑤s 일 분
	십일 분
	⑤s 십일 분…….
	좋아요.
	여기 시계를 보세요. 몇 시 몇 분이에요? 말하세요.

① 02:20	② 03:15	③ 04:45	④ 05:05
두 시 이십 분	세 시 십오 분	네 시 사십오 분	다섯 시 오 분
⑤ 10:30	⑥ 11:25	⑦ 12:08	⑧ 01:01
열 시 삼십 분	열한 시 이십오 분	열두 시 팔 분	한 시 일 분

(PPT 상에서 클릭하면 정답이 나타나게 설정)

1번 시계. 몇 시 몇 분이에요?

Ss 두 시 이십 분이에요.

(정답을 보여주며) 잘했어요. 따라 하세요. 두 시 이십 분이에요.

Ss 두 시 이십 분이에요.

좋아요.

그럼 3번은 몇 시 몇 분이에요?

Ss 사 시 사십오 분이에요.

사십오 분 맞았어요. 그런데 사 시 아니에요. 어떻게 말해요?

Ss 네 시 사십오 분이에요.

맞아요. (정답을 보여주며) 따라 하세요. 네 시 사십오 분이에요.

Ss 네 시 사십오 분이에요.

잘했어요.

그리고 또 하나 더. 삼십 분은 '반'이라고 말할 수 있어요.

(판서하며) "열 시 삼십 분 = 열 시 반".

삼십 분, 반 같은 말이에요.

따라 하세요. 열 시 반이에요.

Ss 열 시 반이에요.

정말 잘했어요.

(PPT 제시) 여기 <보기>를 보세요.

<보기> 가: 몇 시에 일어나요?

　　　　나: 일곱 시 삼십 분에/반에 일어나요.

일어나다	버스를 타다	학교에 도착하다	수업이 끝나다
07:30	08:10	08:50	12:00

몇 시에 일어나요?

Ss 일곱 시 삼십 분에 일어나요.

몇 시에 버스를 타요?

Ss 여덟 시 십 분에 버스를 타요.

잘했어요.

그럼 몇 시에 학교에 도착해요?

Ss 여덟 시 오십 분에 도착해요.

좋아요. 그러면 몇 시에 수업이 끝나요?

Ss 열두 시에 수업이 끝나요.

	맞아요. 정말 잘했어요.
	이제 '몇 시 몇 분' 잘 이야기할 수 있지요?
	Ss 네.
	질문 있어요?
	이제 그림을 보면서 질문하고 대답하세요.
	두 사람씩 연습해 보세요. 몇 시에 무엇을 해요? 물어보고 대답하세요.
	<보기> (아침에 일어나는 그림과 07:30을 가리키는 시계 그림)
	가: 몇 시에 일어나요?
	나: 일곱 시 삼십 분에/반에 일어나요.
	(1) (아침 식사를 하는 그림) 07:50
	(2) (버스를 타는 그림) 08:10
	(3) (학교에 도착하는 그림) 08:40
	(2분 후)
	그럼 이제 발표해 봅시다. 1번 누가 해요?
	(손 든 학생을 가리키며) 네, 해 보세요.
	S1 몇 시에 아침 먹어요?
	S2 일곱 시 오십 분에 아침을 먹어요.
연습	잘했어요.
	2번?
	(손 든 학생을 가리키며) 마리아 씨, 후토 씨 해 보세요.
	S3 몇 시에 버스를 타요?
	S4 여덟 시 십 분에 버스를 타요.
	그래요. 정말 잘했어요.
	3번은 누가 해요?
	(손 든 학생을 가리키며) 네, 해 보세요.
	S5 몇 시에 학교 와요?
	S6 여덟 시 사십 분 학교 와요.
	잘했어요.
	그런데 몇 시 몇 분 뒤에 '-에' 안 했어요. 우리 다시 해 볼까요?
	Ss 여덟 시 사십 분에 학교 와요.
	좋아요.
	그런데 학교 뒤에도 '-에' 있어요. 또 우리 '도착하다' 배웠어요.
	따라 하세요.
	여덟 시 사십 분에 학교에 도착해요.

	(Ss) 여덟 시 사십 분에 학교에 도착해요.
	네, 맞아요.
	여러분 모두 아주 잘했어요.
	여러분은 월요일에서 금요일까지 몇 시에 무엇을 해요? 쓰세요.
	그리고 두 사람씩 이야기해 보세요. 3분 줄게요. 해 보세요.

몇 시에?	무엇을 해요?

<table>
<tr><td rowspan="1">활용</td><td>

(3분 후)

다 했어요? 누가 발표할까요?

(손 든 학생을 가리키며) 엘린 씨, 알렉스 씨는 몇 시에 무엇을 해요?

(S1) 알렉스 씨는 일곱 시 반에 일어나요.
  학교에 여덟 시 사십 분에 도착해요.
  두 시에 점심을 먹어요.
  일곱 시에 저녁 먹어요.
  십이 시에 잠을 자요.
잘했어요. 엘린 씨. 그런데 십이 시 맞아요?
(S1) 열두 시예요.
그래요. 십이 시 아니고 열두 시.

또 누가 할까요?
(손 든 학생을 보고) 네, 흐엉 씨 해 보세요.
(S2) 미나 씨는 여덟 시에 일어나요. 아침을 먹지 않아요.
  학교에 여덟 시 반에 와요. 두 시에 도서관에 가요.
  한 시에 잠을 자요.

잘했어요, 흐엉 씨.
그런데 미나 씨는 늦게 잠을 자네요.
여러분 오늘 정말 잘했어요.

</td></tr>
</table>

	오늘은 '몇 시 몇 분에 무엇을 해요?' 공부했어요. 질문 있어요? Ss 없어요.
마무리	숙제가 있어요. 여러분은 몇 시에 무엇을 해요? 여러분의 하루를 쓰세요. 다음 시간에도 시간 공부할 거예요. 오늘은 여기까지 할게요. 수고하셨습니다.

8과 수업지도안

수준	초급(1급)	문법 항목	동안
주제	시간(2)	기능	소요 시간 말하기
활동	소요 시간 묻고 답하기, 생활계획표 세우기		
학습목표	'동안'을 사용하여 소요 시간에 대해 말할 수 있다.		
단계(시간)	교수 · 학습내용		

단계(시간)	교수 · 학습내용
도입	☑ **인사 및 출석 확인** 안녕하세요. 오늘 공기가 어때요? 좋아요? ⑤1 안 좋아요. / ⑤2 나빠요. 그렇지요? 공기는 조금 안 좋지만 오늘도 열심히 공부합시다. 출석 확인할게요. ☑ **전시 복습** 지난 시간에 '몇 시 몇 분에' 공부했어요. 기억해요? ⑤s 네. 우리 숙제도 있었지요? 여러분의 하루를 쓰는 것 숙제예요. 썼어요? ⑤s 네. 그럼 발표해 볼까요? 누가 먼저 해요? (손 든 학생을 가리키며) 네, 해 보세요. ⑤1 나는 일곱 시 반에 일어나요. 여덟 시 반에 학교에 도착해요. 　한 시에 수업이 끝나요. 여섯 시에 밥을 먹어요. 　아홉 시에 숙제를 해요. 열한 시에 잠을 자요. 아주 잘했어요. 열심히 공부했어요. 또 누가 발표하고 싶어요? (손 든 학생을 가리키며) 네, 리사 씨. 해 보세요. ⑤2 나는 여덟 시에 일어나요. 아홉 시에 수업 시작해요. 　두 시에 도서관 가요. 다섯 시에 운동해요. 　일곱 시에 밥 먹어요. 열 시에 자요. 잘했어요. 그런데 한 가지. 도서관 뒤에 '-에' 필요해요. 다시 말해 볼까요?

	ⓢ2 두 시에 도서관에 가요. 좋아요. ☑ **문형 도입** 그런데 리사 씨, 어제 몇 시에 숙제를 시작했어요? ⓢ3 여덟 시에 시작했어요. 몇 시에 숙제가 끝났어요? ⓢ3 여덟 시 이십 분에 끝났어요. 네. 그럼 리사 씨는 이십 분 동안 숙제를 했어요. ☑ **목표 제시** ('동안'을 판서하며) 오늘은 '동안'을 공부할 거예요.
제시 설명	여러분! 우리 수업이 몇 시에 시작해요? ⓢs 아홉 시에 시작해요. 맞아요. 그리고 몇 시에 끝나요? ⓢs 한 시에 수업이 끝나요. 그래요. 우리는 한 시간, 두 시간, 세 시간, 네 시간. 네 시간 동안 공부를 해요. (PPT 제시) 여기 그림을 보세요. (잠을 자는 그림) 밤 11:00 (일어나는 그림) 아침 7:00 (잠을 자는 그림을 가리키며) 몇 시에 잠을 잤어요? ⓢs 밤 열한 시 (일어나는 그림을 가리키며) 몇 시에 일어났어요? ⓢs 아침 일곱 시 이 사람 몇 시간 동안 잠을 잤어요? ⓢs 팔 시간 동안 그래요. 그런데 '팔 시간' 아니에요. '여덟 시간'이에요. 시간은 몇 시 말할 때와 똑같아요. 한 시간, 두 시간, 세 시간 이렇게 말해요. ('여덟 시간 동안'을 판서하고 '동안'에 동그라미 표시하며) 그래요. 여덟 시간 잤어요. 여덟 시간 동안 잤어요.

(PPT 제시)

뭐 해요?	시간
(1) 수업을 듣다	3시간
(2) 운동하다	1시간
(3) 숙제를 하다	2시간

여기 (1)번 보세요.

몇 시간 동안 수업을 들어요?

Ss 삼 시간 동안 수업을 들어요.

좋아요. 그런데 삼 시간이 아니에요. 세 시간이에요.

(3시간 = 세 시간, 판서하며)

(PPT로 완성된 문장을 제시하며) (1)번 이렇게 말해요.

세 시간 동안 수업을 들어요. 따라 하세요.

Ss 세 시간 동안 수업을 들어요.

아주 좋아요.

이제 다음 (2)번 보세요. 몇 시간 동안 운동해요?

Ss 한 시간 동안 운동해요.

맞아요. 잘했어요. 따라 하세요. (PPT를 제시하며)

한 시간 동안 운동해요.

Ss 한 시간 동안 운동해요.

그럼 (3)번 여러분이 해 보세요.

Ss 두 시간 동안 숙제를 해요.

정말 잘했어요.

이제 '동안' 말할 수 있어요?

Ss 네.

질문 있어요? 질문하세요.

연습

여기 보세요. 민수가 지난주 토요일에 한 일이에요.

공원	도서관	식당
자전거를 타다	공부를 하다	아르바이트를 하다
2시간	3시간	2시간 30분

공원에서 뭐 했어요? 몇 시간 동안 했어요?

누가 말해 볼까요?

(손을 든 학생을 가리키며) 네, 해 보세요.

	⑤1 공원에서 두 시간 동안 자전거를 탔어요.
	잘했어요.
	다음. 도서관에서 뭐 했어요? 누가 발표해요?
	(손을 든 학생을 가리키며) 네, 이야기해 보세요.
	⑤2 도서관에서 세 시간 동안 공부를 했어요.
	아주 잘했어요.
	그럼 식당에서 무엇을 했어요? 누가 할까요?
	(손을 든 학생을 가리키며) 네, 해 보세요.
	⑤3 식당에서 두 시간 반 아르바이트를 했어요.
	잘했어요. 두 시간 삼십 분. 두 시간 반. 같아요.
	그런데 한 가지 실수가 있어요. 두 시간 반 뒤에 뭐가 없어요?
	⑤s 동안!
	맞아요. '동안' 없어요. 그럼 어떻게 말해요?
	⑤s 두 시간 반 동안
	그래요. 잘했어요. 따라 하세요.
	식당에서 두 시간 반 동안 아르바이트를 했어요.
	⑤s 식당에서 두 시간 반 동안 아르바이트를 했어요.
	좋아요. 여러분 정말 잘하네요.
활용	여러분 이제 우리 이번 주 토요일 계획을 세울 거예요.
	어디에서 무엇을 할 거예요? 몇 시간 동안 할 거예요?
	쓰세요. 3분 줄게요.
	(3분 후)
	다 했어요? 누가 발표할까요?
	(손 든 학생을 가리키며) 알렉스 씨, 이야기해 보세요.
	⑤1 집에서 두 시간 동안 청소를 할 거예요.
	공원에서 한 시간 동안 산책을 할 거예요.
	카페에서 두 시간 동안 친구를 만날 거예요.
	정말 잘했어요. 멋진 주말 계획이에요.
	(몇 명 더 발표한 후)
	여러분 오늘 아주 잘했어요.

마무리	오늘은 '동안'을 배웠어요. 질문 있어요? Ss 없어요. 숙제 있어요. 여러분이 매일 하는 일 쓰세요. 어디에서 무엇을 해요? 몇 시간 동안 해요? 세 가지 쓰세요. 다음 시간에는 사과하기 공부할 거예요. 오늘은 여기까지 할게요. 수고하셨습니다.

9과 수업지도안

수준	초급(1급)	문법 항목	-아/어/여서
주제	사과	기능	이유 설명하기
활동	일어난 일의 원인 설명하기, 실수나 잘못에 대해 사과하기		
학습목표	'-아/어/여서'를 사용하여 이유를 설명하고 잘못에 대해 사과할 수 있다.		
단계(시간)	교수 · 학습내용		

단계(시간)	교수 · 학습내용
도입	☑ **인사 및 출석 확인** 안녕하세요. 요즘 꽃이 많이 피었어요. 여러분 꽃 좋아해요? ⓢ1 네. / ⓢ2 아니요. 그렇군요. 나도 꽃을 좋아해요. / 그래요? 하지만 나는 꽃을 좋아해요. 여러분도 꽃처럼 아름다워요. 여러분과 같이 공부해서 행복해요. 오늘도 즐겁게 공부해요. 출석 확인할게요. ☑ **전시 복습** 지난 시간에 우리는 '동안' 공부했어요. 그리고 숙제가 있었어요. 여러분 매일 무엇을 해요? 어디에서 해요? 몇 시간 동안 해요? 쓰기 숙제였어요. 그럼 발표해 봅시다. 누가 먼저 발표할까요? (손 든 학생을 가리키며) 네, 리사 씨 발표하세요. ⓢ1 저는 학교에서 네 시간 동안 한국어 공부를 해요. 　　두 시간 동안 친구 집에 가요. 잘했어요. 그런데 친구 집이 멀어요? 두 시간 동안 가요? ⓢ1 아니에요. 가까워요. 하지만 어떻게 말해요? 잘 몰라요. 괜찮아요. 알려 줄게요. 이럴 때는 이렇게 말해요. 두 시간 동안 친구 집에서 놀아요. 따라 하세요. ⓢs 두 시간 동안 친구 집에서 놀아요 잘했어요.

	☑ **문형 도입** 여러분, 학교에 오기 전에 밥을 먹었어요? ⑤ 네, 먹었어요. / 아니요, 안 먹었어요. 밥을 안 먹은 사람들, 지금 배가 고파요? ⑤ 네, 배가 고파요. 왜 배가 고파요? 왜? ⑤ 밥을 안 먹었어요. 그래요. 밥을 안 먹었어요. 그래서 배가 고파요. 밥을 안 먹어서 배가 고파요. ☑ **목표 제시** ('-아서/어서/여서'를 판서하며) 오늘은 '-아서/어서/여서' 같이 공부해요.
제시 설명	'-아서/어서/여서'는 '이유'를 말할 때 써요. 여러분, '이유' 알아요? ⑤ 아니요, 몰라요. 내가 선물을 받았어요. 그래서 내가 기뻐요. 왜 기뻐요? ⑤ 선물 받았어요. 맞아요. ('선물을 받았다. 기쁘다.'를 판서한 후 '선물을 받았다'에 밑줄을 긋고 그 아래에 '이유'라고 쓴다.) 선물을 받아서 기뻐요. '이유' 알겠어요? ⑤ 네. (PPT 제시) <table><tr><td>일어나다 : 일어나 + **아서** → 일어나서 자 다 : 자 + **아서** → 자서</td><td>막히다 : 막히 + **어서** → 막히어서 → 막혀서 놓치다 : 놓치 + **어서** → 놓치어서 → 놓쳐서</td></tr><tr><td>오다 : 오 + **아서** → 와서 보다 : 보 + **아서** → 봐서 아프다 : 아프 + **아서** → 아파서 고프다 : 고프 + **아서** → 고파서</td><td>하다 : 하 + **여서** → 하여서 → 해서 피곤하다 : 피곤하 + **여서** → 　　　　　　피곤하여서 → 피곤해서</td></tr></table> '-아서/어서/여서' 앞에는 동사, 형용사 와요. ('일어나다, 자다'의 'ㅏ', '오다, 보다'의 'ㅗ'를 가리키며) 'ㅏ', 'ㅗ'로 끝날 때 ('아서'를 동그라미 치며) '-아서'가 와요. 일어나다, 일어나서. 자다, 자서. 오다, 와서. 보다, 봐서.

('막히다, 놓치다'를 가리키며)

'ㅏ', 'ㅗ'가 아니에요. 그래서 '-어서'가 와요.

막히다, 막혀서. 놓치다, 놓쳐서.

그런데 '아프다', '고프다'는 어때요? 'ㅡ'로 끝나요. 우리 배웠지요?

('아프다, 고프다'의 'ㅡ'를 가리키며)

Ss 아파서, 고파서.

맞아요. 아파서, 고파서. 잘했어요.

('하다, 피곤하다'의 '하다'를 가리키며)

그리고 '하다'의 '하-' 뒤에는 ('여서'에 동그라미 치며)

'-여서'가 와요. 하다, 하여서, (엄지와 검지의 간격을 줄이며) 해서.

피곤하다, 피곤하여서, (엄지와 검지의 간격을 줄이며) 피곤해서.

'ㅏ, ㅗ', '하다' 말고 'ㅓ, ㅣ, ㅜ, ㅡ……' 모두 '-어서'를 써요.

하지만, '아프다, 고프다'는 '아파서, 고파서'예요. 알겠어요?

Ss 네.

그리고 또 아주 중요한 거 있어요.

('-았/었/였', '-겠'을 판서하고 크게 X표 하며)

'-아서/어서/여서' 앞에 '-았/었/였' 올 수 없어요.

그리고 '-겠'도 올 수 없어요.

그래서 과거, 미래 모두 '-아서/어서/여서'만 말해요.

알겠어요?

Ss 네.

(PPT를 가리키며) 자다, 자서. 일어나다, 일어나서. 막히다, 막혀서…….

질문 있어요? 질문하세요.

연습

같이 연습해 봐요.

(단어 카드를 넘기며) '-아서/어서/여서'로 말해 보세요.

일어나다 Ss 일어나서	막히다 Ss 막혀서
피곤하다 Ss 피곤해서	아프다 Ss 아파서

잘했어요.

이제 연습문제를 해 봅시다. 두 명 짝, 두 명 짝이에요. 3분 줄게요.

<보기> 배가 고프다.   이유 : 밥을 안 먹었다.

　　　가: 왜 배가 고파요?

　　　나: 밥을 안 먹어서 배가 고파요.

(1) 어제 결석했다.　　이유 : 배가 아팠다.

(2) 오늘 지각했다.　　이유 : 버스를 놓쳤다.

(3) 기분이 좋다.　　이유 : 시험을 잘 봤다.

같이 해 볼까요? 1번?

(손 든 학생을 가리키며) 네, 해 보세요.

S1 왜 어제 결석했어요?

S2 배가 아파서 결석했어요.

잘했어요.

2번? 누가 해요?

(손 든 학생을 가리키며) 디아나 씨, 라우라 씨 해 보세요.

S3 왜 오늘 지각했어요?

S4 버스를 놓쳐서 지각했어요.

정말 잘했어요.

3번? (손 든 학생을 가리키며) 해 보세요.

S5 왜 기분이 좋아요?

S6 시험을 잘 봤어서 기분이 좋아요.

좋아요.

그런데 '-아서/어서/여서' 앞에는 '-았/었/였' 사용할 수 없어요.

그럼 시험을 잘 봤다. 어떻게 바꿀까요?

Ss 시험을 잘 봐서

네, 맞아요. 정말 잘했어요.

활용	이제 두 사람씩 재미있는 역할극을 해 봅시다. 여러분이 친구와 만나요. 그런데 여러분이 30분 늦게 왔어요. 그래서 친구가 화가 났어요. 친구에게 사과하세요. ('사과하다'를 판서하며) '사과하다'는 미안해요. 죄송해요. 이야기하는 거예요. 여러분이 왜 늦게 왔어요? 이유를 말해 주세요. 그리고 왜 미안해요? 그 이유도 말해 주세요. 3분 줄게요. 해 보세요. (3분 후) 다 했어요? 누가 발표해 볼까요? (손 든 학생을 가리키며) 해 보세요.

	S1 (혼잣말로) 테마 씨가 늦어요.
	S2 (급하게 달려오며) 아 미안해요.
	S1 테마 씨, 왜 늦게 왔어요?
	S2 피곤해서 잠을 많이 잤어요. 늦게 와서 정말 미안해요.
	아주 잘했어요. 잠을 너무 많이 잤어요.
	그럴 때는 이렇게 말하면 더 좋아요.
	('늦잠을 자다', '늦게 일어나다'를 판서하고)
	늦잠을 잤어요. 늦게 일어났어요. 따라 하세요.
	Ss 늦잠을 잤어요. 늦게 일어났어요.
	잘했어요.
	또 누가 해 볼까요?
	(손 든 학생을 가리키며) 네.
	S3 알렉스 씨, 왜 이렇게 늦게 와요? 정말 화가 나요.
	S4 버스를 놓쳐서 늦게 왔어요. 늦게 와서 죄송해요.
	여러분 아주 잘하네요.
	나중에 다른 사람에게 실수하면 이렇게 사과하세요.
마무리	오늘은 '-아서/어서/여서'를 공부했어요.
	그리고 이유 말하고 사과하는 것 배웠어요.
	질문 있어요?
	Ss 없어요.
	숙제가 있어요.
	여러분 친구에게, 선생님에게 사과하고 싶은 거 있어요?
	Ss 네, 있어요.
	'-아서/어서/여서' 사용해서 사과하는 말을 두 가지 써 오세요.
	다음 시간에는 계절, 날씨에 대해 공부해요.
	오늘은 여기까지 할게요. 수고하셨습니다.

10과 수업지도안

수준	초급(1급)	문법 항목	ㅂ 불규칙
주제	날씨	기능	날씨 표현하기
활동	날씨 묻고 답하기, 세계 도시의 날씨 이야기하기		
학습목표	날씨에 대해 묻고 답할 수 있다.		

단계(시간)	교수 · 학습내용
도입	**☑ 인사 및 출석 확인** 안녕하세요, 여러분. 어제 뭐 했어요? 나는 한국 드라마를 봤어요. 한국 드라마 좋아해요? Ss 네. 좋아해요. 나도 좋아해요. 나중에 같이 볼까요? Ss 네. 좋아요. 오늘도 힘내서 열심히 공부해요. 출석 확인하겠습니다. **☑ 전시 복습** 지난 시간에 우리는 이유에 대해 공부했어요. 그럼 복습해 볼까요? (단어카드를 넘기며 학생의 대답을 유도한다) 아프다 Ss 아파서　　　보다 Ss 봐서 피곤하다 Ss 피곤해서　　일어나다 Ss 일어나서 어제 사라 씨가 아팠어요. 그래서 결석했어요. 사라 씨가 왜 결석했어요? Ss 아파서 결석했어요. 잘했어요. 안나 씨가 시험을 잘 봤어요. 그래서 기분이 좋아요. 여러분, 안나 씨가 왜 기분이 좋아요? Ss 시험을 잘 봐서 기분 좋아요. 좋아요. 아주 잘했어요. **☑ 문형 도입** 여러분 요즘 날씨가 어때요? Ss 음… (더운 듯한 몸짓 / 추운 듯한 몸짓을 한다.) 날씨 이야기하는 거 어렵지요?

	(여름 날씨를 묘사하는 그림 카드를 제시하며 '덥다'를 판서한다.) 날씨가 덥다. 더워요. (겨울 날씨를 묘사하는 그림 카드를 제시하며 '춥다'를 판서한다.) 날씨가 춥다. 추워요. ☑ **목표 제시** 오늘은 날씨를 공부해요.
제시 설명	여러분은 어떤 날씨를 좋아해요? Ss (머뭇거리며) 몰라요. 괜찮아요. 오늘 공부할 거예요. 우리 열심히 공부해요. 여기 그림을 보세요. (날씨 그림과 표현을 함께 PPT로 제시하며 연습) (날씨가) 맑다　(날씨가) 흐리다　(날씨가) 따뜻하다　(날씨가) 덥다　(날씨가) 춥다 날씨가 좋다　날씨가 안 좋다　비가 오다　눈이 오다　바람이 불다　시원하다 덥다: 덥 + 어요 (ㅂ → 우)　　→ 더우어요　→ 더워요 춥다: 춥 + 어요 (ㅂ → 우)　　→ 추우어요　→ 추워요 맵다: 맵 + 어요 (ㅂ → 우)　　→ 매우어요　→ 매워요 쉽다: 쉽 + 어요 (ㅂ → 우)　　→ 쉬우어요　→ 쉬워요 어렵다: 어렵 + 어요(ㅂ → 우)　→ 어려우어요　→ 어려워요 고맙다: 고맙 + 어요 (ㅂ → 우)　→ 고마우어요　→ 고마워요 ('덥다'의 '덥'을 가리키며) 여러분, 여기 보세요. '덥'에 어떤 받침이 있어요? Ss ㅂ 받침 있어요. 그래요. 그런데 이 ㅂ받침이 뒤에 '-어요'가 오면 ㅂ이 '우'가 돼요. 그래서 '더우어요'. 빨리 말해요. (엄지와 검지손가락을 붙이며) '더워요'라고 해요. 따라 하세요. 더워요. Ss 더워요. 그럼 '춥다'는 어때요? '춥'에 ㅂ 받침 있어요. 그래서 '덥다'와 같아요. '춥' 뒤에 '-어요' 있어요. 어떻게 말해요? Ss 추워요. 와! 여러분 정말 잘했어요. ㅂ 받침 있는 말 또 있어요.

	맵다. '맵' 뒤에 '-어요' 와요. 어떻게 말해요?
	(Ss) 매워요.
	잘했어요.
	그리고 '쉽다, 어렵다' 뒤에 '-어요' 와요. 어떻게 말해요?
	(Ss) 쉬워요, 어려워요.
	그럼 '고맙다'는?
	(Ss) 고마워요.
	그런데 여러분, '돕다'는 달라요.
	('돕다'를 판서하며) '돕다'는 ㅂ받침이 '오'가 돼요. 그리고 뒤에 '-아요'가 와요.
	('도오아요 → 도와요'를 판서하며) 그래서 '도와요'. 이렇게 말해요. 기억하세요.
	(Ss) 네.
연습	이제 같이 연습해요.
	(PPT 제시) 여기에 세계 도시의 오늘 날씨가 있어요.
	<보기>를 보세요.
	두 사람씩 묻고 대답하세요. 3분 동안 하세요.

서울	(날씨가 흐린 그림)	모스크바	(기온이 크게 내려간 그림)
도쿄	(비가 오는 그림)	런던	(바람이 부는 그림)
베이징	(날씨가 맑은 그림)	카이로	(기온이 크게 올라간 그림)
하노이	(날씨가 따뜻한 그림)	헬싱키	(눈이 오는 그림)

<보기> 가: 오늘 서울 날씨가 어때요?
　　　　 나: 날씨가 흐려요.

(3분 후)
여러분 모두 이야기했어요?
그럼 발표해 봅시다. 누가 하고 싶어요?
(손을 드는 학생을 가리키며) 릴리 씨, 미유 씨 해 보세요.
두 도시 질문하세요. 한 번은 질문하고 한 번은 대답하세요.
(S1) 오늘 런던 날씨가 어때요?
(S2) 바람이 불어요.
(S2) 오늘 베이징 날씨가 어때요?
(S1) 날씨가 맑아요.
잘했어요. 이제 다른 도시 날씨 이야기해요. 누가 할까요?

	(손을 드는 학생을 가리키며) 네, 라마잔 씨, 엘다나 씨 해 보세요. S3 오늘 헬싱키 날씨가 어때요? S4 날씨가 눈이 와요. S4 오늘 카이로 날씨가 어때요? S3 날씨가 아주 더워요. 잘하네요. 그런데 한 가지만 더 이야기할게요. '눈이 와요. 비가 와요.' 말할 때 앞에 '날씨가' 오지 않아요. 그냥 눈이 와요. 비가 와요. 이렇게 말해요. (추가 팀 발표 후) 여러분 모두 잘했어요. 질문 있어요? 질문하세요.
활용	여러분, 이제 두 사람씩 이야기해요. 날씨가 맑아요. 뭐 해요? 날씨가 흐려요. 뭐 해요? 물어보고 대답하세요. 3분 동안 이야기하세요.

날씨	뭐 해요?
날씨가 맑아요.	
날씨가 흐려요.	
비가 와요.	
눈이 와요.	
바람이 불어요.	
날씨가 더워요.	
날씨가 추워요.	

여러분, 다 했어요? 그럼 발표해 봅시다.

누가 하고 싶어요?

(손을 든 학생을 가리키며) 네, 밍밍 씨 해 보세요.

S1 날씨가 좋아요. 산책을 해요. 비가 와요. 집에서 잠을 자요.
  날씨가 더워요. 샤워를 해요. 날씨가 추워요. 옷을 많이 입어요.

잘했어요. (박수를 유도하며) 박수!

또 누가 발표해요?

(손을 든 학생을 가리키며) 네, 발표해 보세요.

	S2 날씨가 맑아요. 운동을 해요. 날씨가 더워요. 수영을 해요. 비가 와요. 집에서 영화를 봐요. 잘했어요. (몇 명 정도 더 발표하게 한 뒤) 와! 여러분 정말 잘하네요.
마무리	오늘은 날씨를 배웠어요. 질문 있어요? Ss 없어요. 숙제가 있어요. 인터넷에서 날씨 보세요. 이번 주말 날씨가 어때요? 다음 시간에 저에게 알려 주세요. 다음 시간에는 음식에 대해 공부해요. 여러분 오늘도 수고하셨습니다.